国家社会科学基金青年项目（15CTY017）

"村改居"社区公共体育服务治理模式研究

◎ 马德浩 著

华东师范大学出版社
·上海·

图书在版编目（CIP）数据

"村改居"社区公共体育服务治理模式研究/马德浩著.—上海：华东师范大学出版社，2021
华东师范大学青年学术著作出版基金
ISBN 978-7-5760-2221-6

Ⅰ.①村… Ⅱ.①马… Ⅲ.①农村社区—社区管理—群众体育—社会服务—研究—中国 Ⅳ.①G812.4

中国版本图书馆CIP数据核字(2021)第222792号

华东师范大学青年学术著作出版基金资助

"村改居"社区公共体育服务治理模式研究

著　　者	马德浩
组稿编辑	孔繁荣
项目编辑	夏　玮
审读编辑	程云琦
责任校对	王美芹　时东明
装帧设计	高　山

出版发行	华东师范大学出版社
社　　址	上海市中山北路3663号 邮编 200062
网　　址	www.ecnupress.com.cn
电　　话	021-60821666 行政传真 021-62572105
客服电话	021-62865537 门市(邮购)电话 021-62869887
地　　址	上海市中山北路3663号华东师范大学校内先锋路口
网　　店	http://hdsdcbs.tmall.com

印刷者	常熟高专印刷有限公司
开　　本	787×1092　16开
印　　张	12.75
字　　数	210千字
版　　次	2022年1月第1版
印　　次	2022年1月第1次
书　　号	ISBN 978-7-5760-2221-6
定　　价	68.00元

出 版 人　王　焰

（如发现本版图书有印订质量问题，请寄回本社客服中心调换或电话021-62865537联系）

目录

第一章 绪论/1
第一节 研究背景/1
第二节 研究意义/5
第三节 文献综述/9
第四节 理论依据/19
第五节 基本概念释义/24
第六节 研究方法/26
第七节 创新之处/30

第二章 居民体育参与及公共体育服务满意度现状/33
第一节 居民体育参与现状/33
第二节 居民对公共体育服务的满意度评价及需求/55

第三章 公共体育服务现行治理模式及问题/60
第一节 公共体育服务现行治理理念及问题/60
第二节 公共体育服务现行治理主体及问题/66
第三节 公共体育服务现行治理结构及问题/99
第四节 公共体育服务现行治理机制及问题/107

第四章 优化公共体育服务治理模式的对策/129
第一节 优化公共体育服务治理理念的对策/129
第二节 优化公共体育服务治理主体的对策/133
第三节 优化公共体育服务治理结构的对策/150
第四节 优化公共体育服务治理机制的对策/156

第五章　研究结论、不足之处及展望/166

　　第一节　研究结论/166

　　第二节　研究不足之处及展望/171

参考文献/173

　　一、中文文献/173

　　二、外文文献/191

后记/193

图目录

图2-1　居民对身体健康状况的评价情况/33

图2-2　居民对体育参与促进身体健康的认知情况/34

图2-3　居民对体育参与是城镇文化体现的认同情况/34

图2-4　居民体育参与的目的/35

图2-5　居民的体育参与情况/36

图2-6　不同性别居民的体育参与情况/37

图2-7　不同年龄段居民的体育参与情况/38

图2-8　不同户籍居民的体育参与情况/39

图2-9　不同家庭规模居民的体育参与情况/42

图2-10　不同婚姻状况居民的体育参与情况/44

图2-11　不同受教育程度居民的体育参与情况/45

图2-12　不同收入水平居民的体育参与情况/45

图2-13　不同职业类型居民的体育参与情况/47

图2-14　居民体育参与的场地选择情况/49

图2-15　居民体育参与的形式选择情况/50

图2-16　居民体育参与的项目选择情况/51

图2-17　居民体育参与的健身指导情况/52

图2-18　居民体育消费倾向选择情况/53

图2-19　制约居民体育参与的因素选择情况/54

图2-20　居民对公共体育服务的满意度评价/56

图2-21　居民对社区更好地促进其体育参与的建议/58

图 3-1 "村改居"社区体育场地设施老旧、闲置情况/65

图 3-2 "村改居"社区公共体育服务现行治理结构/101

图 3-3 "村改居"社区治理的"条块"结构/103

图 3-4 "村改居"社区治理网格化机制结构图/113

图 4-1 "村改居"社区党组织演变进程/134

图 4-2 不同社区物业公司选聘与运行框架/148

表目录

表1-1　传统城镇化与新型城镇化的差异比较/24

表1-2　调查问卷效度评定信息/29

表1-3　主要访谈对象信息/30

表2-1　居民对公共体育服务相关指标的满意度评价/56

第一章 绪 论

第一节 研究背景

城镇化是指伴随着工业化的推进,非农产业向城镇集聚,农村人口向城镇集中的过程(夏柱智 等,2017)。诺贝尔经济学奖得主斯蒂格利茨曾说过,中国的城镇化与美国的高科技将是影响 21 世纪人类社会发展的两件大事(杨贵华,2014b)[2]。我国城镇化进程的加速缘起于改革开放政策的实施,尤其是在 1992 年全面启动市场经济体制改革后,城镇化更是进入了持续发展的快车道。国家统计局的数据显示,1992 年我国大陆城镇化率为 27.46%(国家统计局综合司,2001),到 2019 年已上升为 60.60%(国家统计局,2020),短短 20 余年的时间内增长了一倍多。而英国、美国、法国的城镇化率从 20%左右增长至 50%的水平,分别经历了约 100 年、60 年、65 年的时间(新玉言,2015)[38]。更为关键的是,我国还是世界上人口数量最多的国家。所以,我国的城镇化增速之快、规模之大,在世界上都是罕见的。

改革开放以来,我国大陆城镇化的路径主要有两条:一是农村人口自发进城就业和生活,并逐步市民化;二是"村改居",即将城镇周边的农村人口成建制地由农村户籍转变为城镇户籍,原农村建制的村民委员会改为城镇建制的居民委员会(杨贵华,2014b)[2]。然而,无论是前一种"农民自发城镇化"的路径,还是后一种"农民被动城镇化"的路径,均是在我国城乡二元结构以及户籍制度未发生根本性变化的背景下进行的,所以快速的城镇化也产生了一系列发展中的问题。比如:2019 年我国大陆城镇化率虽达到了 60.60%,但其在统计口径上是常住人口的城镇化比例。而户籍人口的城镇化比例仅为 44.38%,也就是说,有 2.27 亿人口虽长期在城镇居住但并未取得城镇户籍(国家统计局，2020）。由于我国目前实行的仍是属地管理制度，即把公民的一系列权利与义务依附在户籍上，这就导致数量庞大的农民工人口虽已离开乡村到城镇就业与生活，但其在劳动报酬、子女教育、社会保障等方面却不能享受与城镇人口同等的待遇，仍处于"半城市化"的边缘状态（中国发展研究基金会，2012）[114,117]。这方面存在的问题也在一定程度上造成了农民工人口与城镇人口的对立与紧张，尤其是在新生代农民工日益成为农民工主力的背景下，其与老一代农民工相比，更渴望身份认同与社会融入，对政治、经济与文化上的相关政策也更加敏感，相对而言更容易诉诸极端方式对抗不能享受平等待遇的状况，这给社会和谐发展带来较大的挑战。此外，由于不能享受待遇相同的公共服务，使得农民工很难融入城镇，对城镇生活缺乏认同感，导致其就业与居住呈现出流动过快的特征，不利于劳动力的稳定供给，进而制约着经济的可持续性发展（马德浩，2016b）。

"村改居"路径更多地体现为"农民的被动城镇化"。自20世纪90年代实行分税制改革以来，地方政府为了增加财政收入，逐渐形成了土地、财政、金融三位一体的"经营城市"模式，即以建筑业带来的营业税和大量的土地转让金为主要财政收入，并以此为基础通过土地抵押为核心的土地金融增加城市建设投资，再基于新的城市建设对土地形成新的需求（吴莹，2018）[4]。在这种模式下，土地是关键，为了获取足够的土地来维系这种模式，地方政府通过规划城市新区、高新技术开发区和新产业园区等形式，使城市规模不断向周边延伸，导致全国建设用地面积和占用耕地面积均呈快速增长的态势。在这种背景下，中央政府为了"守住18亿亩耕地红线"，同时也考虑到地方政府对土地资源的需求，于2004年印发了《关于深化改革严格土地管理的决定》，并提出"鼓励农村建设用地整理，城镇建设用地增加要与农村建设用地减少相挂钩"（国务院，2004）。在"土地增减挂钩"政策的影响下，很多村庄被拆除，耕地被集中整理，农民上楼居住，导致"村改居"社区大量出现。据统计，"村改居"社区的数量已占到我国城镇社区总数的25%左右，这一比例将随着城镇化进程的推进而继续上升（吕青，2015）。

作为快速城镇化和"经营城市"模式的产物，"村改居"社区与普通城镇社区相比，往往带有"亦城亦村"的过渡性。比如，"村改居"社区的组织结构虽已仿照普通城镇社区模式设立，但在具体的管理权责划分中仍带有农村的印记，部分"村改居"社区仍保留着原村委会的建制，"村改居"社区居民对原村集体经济组织仍有较大的依赖性，加之新成立的社区居委会工作人员多来自社会招聘或上一级政府安置，使得"村改居"社区居民对社区居委会的认同感仍普遍偏低。而且，"村改居"社区多由几个自然村合并而成，加之外来人口的汇入，使得原先那种基于血缘、地缘关系形成的"熟人社会"被打破，那些在农民生活中起到重要作用的非正式制度也被消解，居住空间由开放式农院转变为封闭式楼房，使得"村改居"社区居民间的交往频度减少，相互间的信任度下降，社区归属感减弱，社区治理难度加大。此外，"村改居"社区居民虽然在身份上已成为城镇居民，但其生活方式仍带有较强的乡土色彩，其精神深处仍认同那种"日出而作、日落而息"的田园生活，他们在"村改居"后面对较为陌生的城镇生活与文化，在文化适应上也多表现为迷茫与排斥的状态。更为关键的是，我国目前对征地农民的土地补偿多采取一次性现金补偿的形式，这种形式虽然能让"村改居"社区居民在短期内获得一定的收益，但补偿金毕竟是有限的，在失去了土地这一根本性保障后，"村改居"社区居民的生活与就业压力变大，他们对公共服务的需求也更为迫切。然而，现实状况是"村改居"社区公共服务建设虽已纳入城镇财政计划，但财政分配的公平性与执行力仍滞后于普通城镇社区。

基于两种城镇化路径所产生的现实问题，党的十八大提出了坚持走中国特色新型"城镇化"道路（胡锦涛，2012）的要求。党的十八届三中全会也指出"坚持走中国特色新型城镇化道路，推进以人为核心的城镇化，推动大中小城市和小城镇协调发展、产业和城镇融合发展，促进城镇化和新农村建设协调推进"（中共中央，2013）。2014年，李克强总理在《政府工作报告》中强调，未来一段时期，新型城镇化建设要"着重解决好现有的'三个1亿人'问题，即促进约1亿农业转移人口落户城镇，改造约1亿人居住的城镇棚户区和城中村，引导约1亿人在中西部地区就近城镇化"（李克强，2014）。同年3月，中共中央、国务院印发了《国家新型城镇化规划（2014—2020年）》，作出了"我国城镇化发展由速度型向质量型转型势在必行"的判断，并提出"走以人为本、四化同步、优化布局、生态文明、文化传承的中国特色新型城镇化道路"（中共中央等，2014）。《中华人民共和国国民经济和社会发展第十三个五年规划纲要》也就"推进新型城镇化"专设篇章，提出了"推进有能力在城镇稳定就业和生活的农业转移人口举家进城落户，并与城镇居民享有同等权利和义务""健全财政转移支付同农业转移人口市民化挂钩机制,建立城镇建设用地增加规模同吸纳农业转移人口落户数量挂钩机制"(中共中央,2016)等举措。党的十九大也再次强调了"推动新型工业化、信息化、城镇化、农业现代化同步发展","加快农业转移人口市民化"的要求(习近平,2017)。

新型城镇化的核心是以人为本,这是其与传统的以经济发展和财政增收为核心的城镇化的根本区别(新玉言,2015)[158]。在推进以人为本的新型城镇化的进程中,确保进城农民工和"村改居"社区居民能够公平地享受城镇基本公共服务是重点,也是难点。这一方面有利于增强进城农民工和"村改居"社区居民在失去土地后应对生活风险的能力,使其能够在城镇"立住脚、扎下根";另一方面也有利于其消除对城镇生活的隔阂感,增强其对城镇生活方式的认同感,从而能够较顺利地从物质与精神两个层面完成从农民向市民的转换。对此,《国家新型城镇化规划(2014—2020年)》也要求"稳步推进城镇基本公共服务常住人口全覆盖,不断提高人口素质,促进人的全面发展和社会公平正义"(中共中央等,2014)。公共体育服务作为我国公共服务的重要组成部分,其对促进进城农民工和"村改居"社区居民养成良好的健康生活方式,形成积极向上的休闲娱乐意识,增强对城镇生活的认同感与归属感具有多元的价值。也正是基于此,国家把公共体育服务作为重要指标,先后列入《国家新型城镇化规划(2014—2020年)》《"健康中国2030"规划纲要》《"十三五"推进基本公共服务均等化规划》《健康中国行动(2019—2030年)》以及《体育强国建设纲要》等重大战略规划内。

作为我国城镇化建设进程中产生的特殊社区类型,"村改居"社区"亦城亦村"的特点以及由此产生的治理主体的多元性和治理机制的复杂性,使得其公共体育服务的治理难度要高于普通城镇社区,甚至农村。在这种背景下,本研究以习近平新时代中国特色社会主义思想为指导,在充分借鉴国内外公共体育服务治理经验的基础上,通过文献资料法、实地调研法、问卷调查法、访谈法、数理统计法着重分析了新型城镇化视域下我国"村改居"社区公共体育服务治理过程中存在的相关问题,并提出了旨在优化"村改居"社区公共体育服务治理模式的对策,以促使"村改居"社区居民能够更公平、更充分地享受公共体育服务,从而更好地满足其日益增长的美好生活需要,增强其获得感、幸福感。

第二节 研究意义

一、理论意义

"村改居"社区是在我国城乡二元结构以及户籍制度没有发生根本性变化的大背景下，由政府主导的城镇化路径所产生的特殊社区类型，具有浓郁的本土化色彩。当前，我国很多地方政府常常简单地将普通城镇社区的治理模式套用在"村改居"社区治理上，相对忽略了"村改居"社区"亦城亦村"的特点，导致"村改居"社区的治理效果不佳，"村改居"社区居民的获得感、幸福感不高，这种实践层面的偏差与我国缺乏能够为"村改居"社区治理提供有效指导的理论有着重要的关系（黄立敏，2014）[3]。理论的缺乏同样也使得"村改居"社区公共体育服务治理陷入"摸着石头过河"的无奈之中，导致"村改居"社区的公共体育服务供给与需求之间常常出现结构性失衡。在这种背景下，对"村改居"社区公共体育服务治理模式进行系统性研究，不仅可以为"村改居"社区的公共体育服务治理提供理论指导，还可以"一叶知秋"地通过公共体育服务治理为"村改居"社区的整体治理提供理论参考。

而且，由于"村改居"社区是我国特色城镇化建设进程中的产物，对其公共体育服务治理模式进行系统研究，也有助于丰富国内外有关社区治理和公共体育服务治理的理论体系，凸显我国学术领域的理论自觉与自信。当然，也必须承认，"村改居"社区虽然有其特殊性，但其在组织管理和运行机制上已经具备了普通城镇社区的基本样态，"村改居"社区公共体育服务从本质上讲也属于公共事务的范畴。因此，目前国内外社区治理和公共体育服务治理的三个主要理论——治理理论、新公共服务理论、文化适应理论，在"村改居"社区公共体育服务治理研究中仍具有较好的理论借鉴价值。其中，治理理论可以在组织管理和运行机制层面为"村改居"社区公共体育服务治理提供指导；新公共服务理论可以在"村改居"社区公共体育服务供给方式创新上提供指导；文化适应理论可以在文化融合与非正式制度构建层面为"村改居"社区公共体育服务治理提供指导。基于此，本研究积极吸收以上三个主要理论的先进思想，并结合"村改居"社区的特点，对其公共体育服务治理模式进行了分析，力争使国外理论与中国现实能够科学、合理地融合在一起。

二、实践意义

2017年，中共中央、国务院印发了《关于加强和完善城乡社区治理的意见》，并强调："城乡社区是社会治理的基本单元。城乡社区治理事关党和国家大政方针贯彻落实，事关居民群众切身利益，事关城乡基层和谐稳定。"（中共中央 等，2017）据预测，2020年我国城镇化率将达到60%，2030年将达到65%，到2050年可能超过70%（王优玲，2017）。也就是说，在未来30多年的时间里，我国城镇化率仍将保持增长态势，与此相伴随的"村改居"社区数量也会不断增多。在这种背景下，加强"村改居"社区治理，尤其是加强"村改居"社区公共服务治理，进而使"村改居"社区居民顺利地完成从农民向市民的转变显得尤为必要和重要，这也是推进以人为本的新型城镇化建设的题中之义。

在城镇化率不断增长的同时，我国的人口老龄化进程也在加速。国家统计局的数据显示，2001年我国65岁及以上人口占比为7.1%，到2019年已上升为12.6%（国家统计局，2020），不到20年的时间内增长了近一倍。根据联合国中等生育率方案的预测，我国将于2060年达到老龄化的第一个峰值（28.1%），比同时期发达国家65岁及以上人口的占比高1.6%，比世界平均水平高10.5%（Department of Economic and Social Affairs，2012）。与人口老龄化进程相伴随的是我国居民疾病发生模式的转变，即从以传染病和寄生虫病为主向以慢性病和变性疾病为主的模式转变（马德浩，2019c）。比如，2018年排在我国城镇居民主要疾病死因前三位的分别是恶性肿瘤、心脏病、脑血管病，排在农民主要疾病死因前三位的分别是心脏病、脑血管病、恶性肿瘤，均为慢性病和变性疾病（国家统计局，2019）。与传染病和寄生虫病相比，慢性病和变性疾病的治疗周期更长，医治费用也更多。在应对老龄化以及疾病发生模式转变所带来的社会养老与医疗负担加重的问题上，以美国、日本、英国为首的发达国家逐渐从传统的重视"事后医治"向重视"事前预防"转移，并越来越重视体育在保持国民身体健康上的重要作用，其国民健康促进模式也逐步从传统的医疗保障为主向医疗与体育并重的模式转变（杨越，2011）。世界卫生组织的研究显示，达到相同健康水平的预防投入与治疗费用、抢救费用之间的比例约为1∶8.5∶100，即在预防上多投入1美元，治疗费用可减少8.5美元，抢救费用可减少100美元（龙佳怀 等，2017）。另有国外研究显示，在健身步道上投入1美元相当于在医疗方面投入2.94美元（李玉周 等，2019）。2014年，国家体育总局与广安门医院、北京大学附属人民医院联合开展了针对呼吸病患者的治疗试验，结果显示，医体结合治疗使患者病情得到了不同程度的缓解，医药费用降低60%以上（李国平，2016）。江苏省苏州市把医保卡个人账户余额按比例转化到个人阳光健身卡，允许居民在指定健身场馆用于健身消费，取得了良好效果，医保门诊支出减少20%~25%的约占70%（胡鞍钢 等，2016）。以上国内外实证研究表明了体育锻炼在推进健康关口前移的重要性，这也是我国积极推行"健康中国"战略，并将全民健身上升为国家战略的重要原因之一（国务院，2016）。

对于"村改居"社区居民而言，为其提供公平、有保障的公共体育服务有着重要的现实意义。一是"村改居"社区居民大多由失地农民构成，地方政府通常采取一次性现金补贴的形式给予失地农民以经济补偿；但这些经济补偿与城镇生活所需要的大量消费支出相比，从长远角度上看是不够的。此外，很多地方政府在安置失地农民时并未为其购买城镇居民基本医疗保险。这就使得"村改居"社区居民应对可能发生的慢性病与变性病的经济能力是很有限的，这也促使其要更注意养成健康的生活方式，更注意疾病的"事前预防"，以尽量避免陷入"因病致贫"的困境。科学研究证明，经常参与体育锻炼有助于人体消耗多余的能量、改善血脂代谢、增进心肺机能、提升免疫力，从而有效地减少高血压、高血脂、糖尿病等疾病的发生（王瑞元 等，2010）[481]；而且，当人进行体育锻炼时，会暂停一些不良的生活行为，如抽烟、喝酒和长时间静坐等。当体育锻炼成为人的生活习惯时，就会相对地挤压其进行不良生活行为的概率与时间，从而避免因不良生活行为所导致的疾病。所以，"运动是良医"已成为全世界广泛认可的理念。此外，从实际投入上讲，与医疗消耗的巨额支出相比，体育锻炼的支出费用要更少。所以，加强"村改居"社区公共体育服务治理，促进"村改居"社区居民进行体育锻炼，对于其养成健康的生活方式，预防慢性病与变性病的发生，促进其更健康地在城镇生活有着重要的现实意义，这也是落实"健康中国"战略的内在要求。

二是在"村改居"过程中,很多失地农民"洗脚上楼",带着农村文化的长期惯性来适应全新的城镇文化。从文化适应理论上讲,文化适应的过程要滞后于身份转换的过程;而文化差异往往会导致文化适应初期的排斥心理,如果个体不能很好地调整文化适应初期的排斥心理,就会导致个体对新文化的主动隔离(蒋福明,2013)。对于很多"村改居"社区居民而言,在失去土地后,他们也告别了那种"日出而作、日落而息"的田园生活,闲暇时间相较于之前也相应地增多,尤其是对于那些不能在城镇找到固定工作的"村改居"社区居民而言,他们的闲暇时间就更多;而且,"村改居"社区居民的受教育程度普遍不高,相对地缺乏对城镇文化选择的辨识能力;另外,很多"村改居"社区居民通常会获得政府给予的一笔不菲的土地补偿金,如果不能在其文化选择上进行积极引导,他们就有可能走向"黄、赌、毒"的道路。事实上,从既有调查研究中也可以看出,"村改居"社区往往也是"黄、赌、毒"事件高发的社区(陈晓莉,2014)。现代体育运动更多地是基于城镇居民的休闲需要而产生,其所倡导的公平竞争、遵守规则的理念与城镇文化强调契约精神、法治精神的内涵相契合;而且,经常参与体育锻炼还有助于培养人们积极向上、乐观开朗的人生态度。所以,加强"村改居"社区公共体育服务治理,促进"村改居"社区居民进行体育锻炼,对于他们更好地接纳与适应城镇文化,形成乐观向上的人生态度有着积极的意义,这也是践行"以人为本"的新型城镇化的现实要求。

三是很多"村改居"社区是由若干自然村合并转制而来,其居民在构成上也多来自若干自然村的农民。由于就业能力和营生方式的差异,随着时间推移,"村改居"社区居民间的收入差距逐步拉大,在他们内部也逐渐形成了不同的阶层。此外,"村改居"社区多位于城镇郊区,房屋租赁价格相对便宜,吸引了大量外来人口在社区居住,这样就形成了"房东"与"租客"两大人群。人口构成的多质性以及利益关系的复杂性,使得"村改居"社区不同群体间的界限分明,本地人与外地人之间,不同地域的外地人之间,无论交往频度还是交往深度均比较低,相互间的熟悉度、信任度也普遍不高。导致居民对社区的认同感、归属感偏低,社区生活共同体的构建困难重重(顾永红 等,2014)。在这种背景下,如何搭建能够增进"村改居"社区居民间相互交流的平台显得尤为必要与重要。体育运动是基于身体活动建立的休闲方式,其规则的普适性和开展的简易性,使得其至少在形式上不涉及不同群体的利益问题(马德浩 等,2013)。

所以，体育运动能够吸引不同身份、收入、地域的"村改居"社区居民参与进来，为他们提供相互交流的平台，从而增进他们之间的熟悉度、信任度，提升他们对社区的认同感、归属感。相关研究也表明，移民群体参加体育运动可以增强其个体资本（身体资本、心理资本、个体社会资本）与社会资本（同质性社会资本、异质性社会资本、链合性社会资本），为其融入主流社会打下良好基础（唐胜英 等，2016）。总之，加强"村改居"社区公共体育服务治理，可以从提升"村改居"社区居民身体健康水平、文化适应能力以及社区归属感三个层面，助推"村改居"社区居民顺利地完成从农民向市民的转换，这对于"以人为本"的新型城镇化建设以及"健康中国"战略的推进落实具有重要的现实意义。

第三节 文献综述

一、国外关于"城市边缘区"的研究

"村改居"社区是在我国城乡二元体制下，由政府积极推进城镇化所出现的一种特殊类型的社区，带有典型的"中国特色"。这也导致国外学者直接对我国"村改居"社区进行研究的文献相对较少（屈群苹，2018）[25]。国外学者更多地关注"城市边缘区"（urban fringe）的相关问题。比如，路易斯（Louis，1936）从城市生态学的视角，最早使用了"城市边缘区"的概念，它是指一些原属于城市边界区的土地逐渐被城市建成区所吞并，这些地区成为连接城市与农村的过渡地带（姜爱华 等，2012）[2]。普赖尔（Pryor，1968）对"城市边缘区"的概念进行了拓展性研究，其认为"城市边缘区"位于中心城的连续建成区与纯农业腹地的中间，是土地利用以及社会与人口特征的过渡性地带，具有城市与农村的双重性。

帕伦（J. Palen，1981）[157-158]的研究发现，在美国的"城市边缘区"表现为中产阶级人口的迅速增加，这也使得"城市边缘区"的拓展并非遵循渐进式的演变逻辑，而是遵循"跳跃式"的逻辑。美国"城市边缘区"的形成动因，更多地缘于美国中产阶级对中心城区犯罪、移民以及社会无序的恐惧。菲什曼

(Fishman, 1987)[4-7]称之为"中产阶级对其所创造出来的城市工业世界的异化"。20世纪60年代起,英国也开始推进城市制造业迁出以及人口转移。康岑(Conzen, 1960)[30-52]将英国的"城市边缘区"进一步划分为内缘区、中缘区与外缘区,并认为"城市边缘区"的发展将经历加速期、减速期与停滞期三个阶段。梅吉和格林伯格(MeGee et al., 1992)在研究东南亚国家的经济转型时,注意到新经济交互作用区域的出现,类似于西方的"城市边缘区",在该区域,城市与农村高频度地互动,边界也逐渐模糊。另有学者在研究印度的"城市边缘区"问题时指出,印度"城市边缘区"出现的贫民窟现象具有警示性的意义,即不能仅重经济的快速增长,而忽视了"城市边缘区"的总体规划(Desai et al., 1987)。

也有一些国外文献对我国的"城市边缘区"进行了研究。比如怀特(Whyte, 2010)[7-14]曾指出,1958年,中国印发了《户籍制度管理条例》,这是城乡二元体制得以全面实现的重要文件。改革开放以后,允许农民进城务工、落户,这在一定程度上冲击了城乡二元结构,但并未真正改变这种结构,这也造成了中国"城市边缘区"特有的景观。另有学者对我国深圳"城市边缘区"的建设情况进行了研究,并指出城镇化的推进要更多地考虑长久效益,不宜在短期内违背规律地快速推进,否则就有可能出现类似巴西、印度等国家的贫民窟现象(Sui et al., 2001)。还有学者通过对北京城郊"浙江村"的田野调查,探究了"城市边缘区"的社会治理模式以及私人社会空间变化的特点,强调要从更为复杂的日常实践以及持续的社会变迁理解中国城镇化进程中的国家与社会关系(Zhang, 2001)[10-18];通过对浙江省"村改居"社区的田野调查,分析了"村改居"过程中村民如何策略性地谋求村民身份而非市民身份的背后动因,并在此基础上对"村改居"过程中的治理机制建设进行了探讨(He, 2005)。

二、国内关于"村改居"社区的研究

(一)关于"村改居"社区形成背景的研究

改革开放以后,尤其是20世纪90年代实行分税制改革以后,地方政府为了增加财政收入,逐渐形成了土地、财政、金融三位一体的"经营城市"模式。在这一模式主导下,各省市的"圈城圈地"运动风起云涌,新城、新区不断建立；而与之相伴随的是大量城郊农村被城市所包围或吸纳（黄立敏，2014）[9]。在这种背景下，"村改居"社区成为理论界关注的热点。关于"村改居"社区的形成背景，万厦等（2005）认为我国的城镇化实际上由两个向度组成：一是注入式向度，即农民工进城后，通过努力落户城镇，也可称之为"主动城镇化"向度；二是淹没式向度，即城市扩张导致城郊地区农民被迫失去农地，也可称之为"被动城镇化"向度。现在的问题是："主动城镇化"向度随着国家对农民工问题的重视，正逐步得到政策上的大力支持；而"被动城镇化"向度在政策上尚未得到足够的支持，导致失地农民的挫折感与剥夺感增强。屈群苹（2018）[3]也持类似观点，认为我国城镇化道路遵从的是"政府推进"的逻辑，除了由于产业发展和人口聚集所产生的从下至上的"自发式城镇化"外，还包括政府积极城镇化政策所促发的以建设开发区、改造旧城和规划新城为主要形式的"国家主导式城镇化"，这其实形成了我国城镇化发展的"双轨制"。

吴莹（2018）[5]进一步指出，"国家主导式城镇化"促使地方政府形成了"经营城市"的模式，然而国家自1998年起先后出台了《中华人民共和国土地管理法》《基本农田保护条例》《耕地占补平衡考核办法》等法律、法规和政策以加强对耕地的保护。地方政府对土地资源的大量需求与中央政府对"守住18亿亩耕地红线"的刚性要求之间的矛盾，导致"土地增减挂钩"政策的出台。2004年，国务院印发了《关于深化改革严格土地管理的决定》，指出鼓励农村建设用地整理，城镇建设用地增加要与农村建设用地减少相挂钩（国务院，2004）。"土地增减挂钩"政策的出台促使地方政府为了谋求城镇建设用地指标，开始积极推进各种土地整理项目，合村并点、撤村并居等建设广泛展开，导致"村改居"社区数量日益增多。

（二）关于"村改居"社区性质特点的研究

与普通的城镇社区和农村相比，"村改居"社区的性质表现为过渡性与双重性的特点。对此，有学者曾提出"城乡之间第三领域"的概念，即在我国快速城镇化进程中在地域组织和空间结构上形成了一个"非城非村又亦城亦村"的过渡地带（折晓叶，1997）[8]。"村改居"社区便是这一"过渡地带"的典型代表。杨贵华（2014b）[2]在此基础上指出，与农民自发进城相比，"村改居"社区主要有两个方面的特点：一是就地城镇化，即在"村改居"过程中，人们虽然在户籍身份上由农民转变为城镇居民,且有相当数量的人完成了职业上的转换,但他们仍然居住在相对熟悉的社区环境中,有的甚至是居住在原有住宅里;二是政府起主导作用,即在"村改居"过程中,原先的"乡→村"建制转变为"街→居"建制,社会福利也对标城镇居民进行更替,但这一过程只有在政府主导下才能得以有效达成。

黄海平(2016)将"村改居"社区视为城镇化道路上的"夹层",认为"村改居"社区由于之前离城镇较近,其居民大都受到城市文明辐射,致使其生产与生活方式有向城镇趋同的倾向;另一方面他们又未完全融入城市文明,仍在较大程度上保持着乡土文明的传统。这是理解"村改居"社区治理问题的逻辑出发点。顾永红 等(2014)也认为"村改居"社区在建设中嵌入了一般社区的基本特征;但其作为城镇化的"过渡性"产物,又有其特有属性,主要表现在四个方面:一是"村改居"社区在外在表征上呈现为"半城半村"的过渡性物理空间特征;二是"村改居"社区居民的生活方式以及交际网络呈现出传统与现代相交叉的特征;三是"村改居"社区的人口结构呈现出复杂性高、流动性强的特征;四是"村改居"面临着比普通城镇社区与农村更为繁杂的社区治理任务。

(三)关于"村改居"社区组织建设的研究

"村改居"社区建设不仅是简单的居住环境与户籍性质的变换,还涉及组织建设、管理体制、公共服务等方面。在有关"村改居"社区组织建设的研究中,杨贵华(2014b)[3]指出,目前,"村改居"社区层面的组织主要包括社区党组织和居委会。有些基层政府尝试在"村改居"社区设立社区服务站,但在本质上仍属于体制内社区组织。近年来,还出现了一些新型社区组织,更多的是指向体制外,包括各类社团服务组织以及居民社团等。此外,还有一些由于"村改居"社区的特殊性所产生的原村集体经济组织等。对于"村改居"社区的组织建设,吴莹(2018)认为,受制于土地征用赔偿、房屋拆迁安置、回迁居民保障等现实问题,在相当长的时期内,很多"村改居"社区将存在农村与城镇两套组织体系并存的现状。如何协调好这两套组织体系,是"村改居"社区治理的重点。

对于"村改居"社区建成后的组织分工与职能划分,曹姮钥 等(2015)认为,"村改居"社区应着力构建以社区党组织、自治组织以及原村集体经济组织为主体的组织体系。在这一组织体系中,社区党组织是领导核心。社区居委会应在党组织的领导下,重点抓好居民自治工作。原村集体经济组织则代表其成员行使集体资产所有权。通过这样的分工,推进"村改居"社区组织建设的"党、政、经"分离。另有一些学者着重对"村改居"社区某一组织的建设进行了研究。比如,梁慧 等(2008)对"村改居"社区居委会建设进行了分析,张红云(2012)对"村改居"社区党组织的现实困境与职能重构进行了论证,田鹏 等(2015)对"村改居"后原村委会的功能嬗变进行了探究。

(四) 关于"村改居"社区秩序的研究

我国城镇化进程更多地呈现为"外生性"的特征,政府在其中起主导性作用,而并非像欧美发达国家那样走的是"内生性"城镇化发展之路。所以,在"村改居"过程中,城郊农村逐渐向城镇演进的节奏在地方政府"经营城市"的模式下被提速,导致农村基于血缘、地缘构建起的"共同体"被拆散,一些在调解村民矛盾和维持村落秩序中的非正式制度也被消解,致使"村改居"社区秩序的重建成为重要的现实问题。对此,吕青(2015)认为"村改居"社区秩序存在的主要问题包括:一是"村改居"社区建设在现实中走的是城镇社区建设的老路,强调组织架构搭建以及管理制度制定,却忽略了"村改居"社区居民大都刚从农村走出来的这一现实,致使管理制度执行呈现出低效率、形式化的样态,难以形成良好的居民自治秩序;二是楼宇式的居住模式限制"村改居"社区居民的社会交往,加之人口流动性的增强,导致居民对"村改居"社区的认同度偏低;三是"村改居"社区的公共服务整体上劣于普通城镇社区,而且"村改居"社区居民内部的利益诉求也呈现出多元化、冲突化的特征,难以形成社区共同体。

在重建"村改居"社区秩序上,吴晓燕 等(2015)指出,一是要根据"村改居"社区文化乡土性与现代性兼具的特点,来重构"村改居"社区居民间的信任,而不是在文化选择上厚此薄彼;二是要健全法律与制度建设,积极培育"村改居"社区居民间的契约信任;三是要重视社区邻里组织的作用,开展多种形式的社区文化活动,提高"村改居"社区居民间的交往频度,培育社会信任。黄立敏(2014)[175]也从社会资本理论的视角对"村改居"社区秩序的重建进行了分析，认为一方面要挖掘传统社会资本（比如原村规民约、"熟人"社会关系网络等）在"村改居"社区秩序重建上的作用；另一方面要通过制度创新增加现代社会资本，促进"村改居"社区共同体的构建。

（五）关于"村改居"社区公共服务的研究

对于"村改居"社区居民而言，能够享受到公平、有效的公共服务是其顺利完成身份转变的重要保障。对此，王春生（2009）在珠江三角洲的调查发现，"村改居"社区的公共服务存在公共基础设施数量偏少、社区环境绿化率不高、原村民就业困难、社会保障投入较低、文化教育服务供给不足等问题。梁绮惠（2013）进一步指出，"村改居"社区的公共服务困境容易导致居民的被剥夺感，使其难以认同"城镇居民"身份，进而产生对当地政府部门的不信任感，使得政策执行出现被阻滞的现象。此外，由于无法得到公平、有效的公共服务，也加深了居民对原村集体经济组织的依赖性，一方面弱化了他们对"村改居"社区的认同感；另一方面也阻碍了原村集体经济组织的转型发展。

在提升"村改居"社区公共服务供给质量上，朱敏青（2014）建议，一方面是"村改居"社区居委会要完成角色转变，即从社区管理者转变为社区服务者，积极回应居民的公共服务需求；另一方面是让居民真正参与到"村改居"社区的公共服务建设中来，使其从旁观者转变为参与者。黄春蕾（2015）着重就构建"村改居"社区公共服务的多元供给机制进行了分析，认为一是要明确政府的公共服务供给职能，强化其财政调节能力，使"村改居"社区享受到与普通城镇社区相同的公共服务；二是加快原村集体经济组织股份制改革，壮大集体经济，使其在"村改居"社区公共服务建设上发挥应有的作用；三是重视"村改居"社区社会组织建设，调动其参与公共服务建设的积极性。

（六）关于"村改居"社区治理的研究

2013年，党的十八届三中全会把"推进国家治理体系和治理能力现代化"作为全面深化改革的总目标（中共中央，2013）。由于"村改居"社区过渡性的特点，使得其治理复杂度要高于普通城镇社区与农村。顾永红等（2014）认为"村改居"社区目前面临的治理困境主要包括：一是原村集体经济组织产权归属不清晰，且原村集体经济组织还要承担大量的公共服务费用，阻碍其成为专业的市场主体;二是"村改居"社区党组织、居委会与原村集体经济组织之间权责未厘清,并未形成良好的协同机制,导致"村改居"社区治理相互掣肘的情况时有发生;三是居民参与"村改居"社区治理的主动性不强,导致社区自我治理能力较低;四是"村改居"社区居民的社会保障不足,且存在两极分化的情况,制约着社区的健康发展。

在提升"村改居"社区治理能力上,黄成亮(2019)建议:一是积极推进社会治理重心向基层下移,但前提是"村改居"社区要着重构建好社区党组织、社会组织、社会服务三位一体的承接体系;二是采取多种手段挖掘线上(网站、手机客户端)与线下(社区贤人)资源,打通"村改居"社区治理的互动渠道;三是以公共议题、文化娱乐活动为载体,强化居民间的横向联系,消除"村改居"社区的内部隔阂;四是挖掘村规民约、传统习俗等资源,促进"村改居"社区共同体建设,提高其治理效能。吴莹(2017)着重从空间变革的视角,提出了推进网格化管理、引入物业管理、营造新的集体记忆公共空间等旨在强化"村改居"社区治理能力的举措。

三、国内关于"村改居"社区公共体育服务的研究

公共体育服务是"村改居"社区公共服务的重要组成部分,它不仅有助于"村改居"社区居民养成健康的生活方式、增强其体质健康水平,也有助于丰富"村改居"社区居民的文化休闲生活、提升其文化素养。而且,它还可以为"村改居"社区居民提供相互交流的平台,增进其社区认同感,促进社区共同体的形成。

在有关"村改居"社区公共体育服务研究方面,在"中国知网文献数据库"以"村改居""公共体育服务"为关键词或篇名词进行检索,以及在"超星数字图书馆"以"村改居""公共体育服务"为书名词进行检索,均未检索到相关研究文献(检索时间为2019年4月22日),这从一个侧面说明国内直接以"村改居"社区公共体育服务为对象的研究尚需加强与丰富。在国内间接涉及"村改居"社区公共体育服务的相关研究中,主要分为两大类:一类是有关"村改居"社区体育发展的研究;另一类是有关"城乡接合部"或"城中村"体育发展的研究。需要说明的是:"城乡接合部"更多地是一个空间意义上的概念,

指的是位于城镇与乡村之间的过渡地带,类似于国外文献中"城市边缘区"的概念。"城乡接合部"里面可能既包括"村改居"社区,也包括城郊农村;但其在形态上和"村改居"社区相似,也具有"亦城亦村"的过渡性特点。"城中村"和"城乡接合部"相似,也是一个空间意义上的概念;但"城中村"更多地是指被城镇包裹进来的农村,在这些农村中,有些可能已经进行了"村改居",有些可能还没有,但其在形态上同样具有"亦城亦村"的过渡性特点。所以,有关"城乡接合部""城中村"体育发展相关研究的梳理,对于理解"村改居"社区公共体育服务的建设具有一定的启示与借鉴价值。

在有关"村改居"社区体育发展的研究中,高庆琦(2013)[25]对厦门市杏林街道"村改居"社区的调查发现,"村改居"社区居民体育参与时间以傍晚或晚上为主,体育参与地点以社区活动场所或公园广场为主,参与项目以跑步、爬山、广场舞为主;而且居民多喜欢亲朋好友聚集在一起进行体育锻炼。此外,她还发现"村改居"社区体育发展存在四个方面的主要问题:一是体育建设经费来源渠道虽然日益增多,但整体偏低;二是体育设施布局较单一,而且老旧破损的较多;三是社区体育指导员数量少、等级结构不合理,而且管理制度不健全;四是居民热衷于参加体育协会活动,但缺乏相应的组织者。官玉苗(2014)[29-31]在山东调查发现,"村改居"社区居民的体育参与人群以中老年人为主,体育参与形式以个人形式和自发组织为主,体育参与频度整体偏少且时间较短,体育消费水平也偏低。对此,其建议:一是加大宣传,提高"村改居"居民的体育参与意识;二是加强体育设施建设,提高"村改居"社区周边学校体育场地设施对外开放度;三是扩大社会体育指导员队伍,积极吸纳"村改居"社区体育能人参与居民健身指导;四是以社区服务站为依托,以居民健身活动站点为纽带,健全"村改居"社区体育组织体系。另有学者着重分析了"村改居"社区体育发展困境的致因:一是政府在征地过程中重物质补偿、轻人文关怀,使得体育在促进"村改居"社区共同体建设上的价值被忽视;二是"村改居"社区社会秩序处于新旧更替的状态,一定程度上限制了其体育文化的形成;三是"村改居"过程中导致一部分原先的农村体育能人流失,进一步弱化了居民体育的自组织程度(秦尉富 等,2017)。

在有关"城乡接合部"体育发展的研究中,周涛 等(2011)指出,"城乡接合部"社区公共体育服务体系建设是城镇社区和农村公共体育服务体系建设的交接点、过渡点,其建设情况影响着城镇社区和农村公共体育服务体系建设的互动与融合。事实上,由于"城乡接合部"在地缘、生活方式与文化传统上更接近于农村,其公共体育服务体系的建设对于农村公共体育服务体系未来的建设导向可能比普通城镇社区更具有借鉴与导向价值。李杉(2014)认为制约"城乡接合部"居民体育参与的因素主要包括:一是"城乡接合部"的土地被大量征用,致使其体育参与的场地一定程度上受到压缩;二是"城乡接合部"普遍存在"一地两府"和"一地多主"的多头管理现象,导致其公共体育服务的管理体制不顺畅;三是相关体育法律不健全,而且执法不力也较普遍,难以切实保护"城乡接合部"居民的体育参与权利。钟俊(2014)认为,"城乡接合部"的公共体育服务体系建设一方面要着力构建政府领导、部门组织、行业合作以及社会参与的治理格局;另一方面要健全组织管理、财政资助以及法律保障等多方面的支撑体系。与此同时,还应加强"城乡接合部"体育文化的建设,提升居民的体育参与意识。

在有关"城中村"体育发展的研究中,朱家新 等(2012)的田野调查发现,"城中村"居民体育休闲娱乐参与呈现出日常体育参与的规律性,体育参与项目传统与现代并存,不同群体体育参与不均衡,节庆体育活动日趋衰落,民俗体育活动参与具有排他性,体育场所阶层分化,体育参与目的工具理性与玩具感性共存,女性体育参与率高于男性等特征。张晶晶(2012)[25]的问卷调查发现,制约"城中村"居民体育参与的主要因素包括:一是基层政府组织管理不到位,而且对居民体育参与不重视;二是宣传模式较为单一,而且宣传力度不够;三是普遍没有体育专项拨款,导致开展体育活动的资金缺口较大;四是大多未配备专门的社会体育指导员,致使居民的体育锻炼缺乏指导;五是体育场地设施普遍陈旧、匮乏,难以满足居民的健身需求。郭晓旭(2013)[29]认为在促进"城中村"居民体育参与方面应采取以下举措:一是街道办事处、社区居委会应发挥主导作用,加强对体育社会组织的培育,提升居民体育活动的组织化程度;二是基于"城中村"的文化习俗,着力组织开展与民俗活动相融合的体育活动;三是在"城中村"改造中,要合理设置体育场地设施;四是注意挖掘"城中村"的体育能人,将其积极吸纳进社会体育指导员队伍,以加强对居民体育参与的指导。

四、文献总体评述

由于"村改居"是我国特有的城镇化路径,因此国外学者直接对我国"村改居"社区进行研究的文献相对较少,而是更多地关注对"城市边缘区"相关问题的研究。20世纪90年代实行分税制改革以后,地方政府逐渐形成了"经营城市"的财政收入模式,致使全国出现了大量的"村改居"社区。在此背景下,"村改居"社区成为理论界关注的热点。国内有关"村改居"社区的研究,主要集中在"村改居"社区的形成背景、性质特点、组织建设、社区秩序、公共服务以及社区治理等方面。大部分学者认为,"村改居"社区"非城非村又亦城亦村"的过渡性、双重性特点,导致其不管是在组织建设和社区秩序形成上,还是在公共服务供给以及社区良性治理上的难度都要高于普通城镇社区和农村;然而,作为城乡二元体制的特殊产物,它们又是我国推进"以人为本"的新型城镇化所绕不开的治理难题。促进"村改居"社区向普通城镇社区的成功转变,不仅有助于保障"村改居"居民的基本利益,满足其美好生活需要,使其在共建共享中有更多的获得感、幸福感,也有助于通过"村改居"社区的辐射与牵引作用,吸纳农村就业人口,带动农村经济发展,为"乡村振兴"战略服务。

加强"村改居"社区公共体育服务建设,不仅是全面推进"健康中国"战略的题中之义,也是实现"以人为本"的新型城镇化需要强化的薄弱环节。国内学者对"城乡接合部""城中村"等与"村改居"社区相类似的空间地带的研究较多,也有少部分学者对"村改居"社区体育发展进行了研究。从大部分学者的研究来看,"城乡接合部""城中村""村改居"社区居民的体育参与水平仍相对较低,存在管理体制不顺、财政投入不足、体育社会组织偏少、社会体育指导员队伍建设欠佳、体育场地设施匮乏等现实问题。这也从现实中反映出了加强"村改居"社区公共体育服务建设的迫切性与必要性;然而,从文献检索情况来看,国内聚焦于"村改居"社区公共体育服务的研究仍较稀少,亟需理论界对此加强关注与研究。尤其是在国家大力推进治理体系与治理能力现代化建设以及"全民健身上升为国家战略"的大背景下,围绕"村改居"社区公共体育服务治理模式进行系统研究具有重要的现实意义。

第四节 理论依据

一、治理理论

20世纪70年代,发达国家兴起了一场旨在反思传统行政官僚体制的政府改革运动,尝试重新界定政府、社会组织、市场组织、居民之间的关系,寻求四者之间的平衡。进入90年代,经济全球化、社会民主化浪潮进一步推动了政府与市场组织、政府与社会组织以及政府与居民关系的变化。伴随着这些变化,治理理论得以产生,且影响力日益扩增。治理理论的主要创始人之一詹姆斯·罗西瑙(2001)[24]指出,治理是指一系列活动领域(由共同目标引导)的运行机制,其主体未必就是政府,也不一定需要依靠强制力来达成。全球治理委员会将治理定义为各种公共的或是私人的机构(或个人)管理共同事务的方式总和,这些方式包括正式或非正式两种形态(雷洋,2017)[20]。国内治理理论的权威学者俞可平(2001)[2-3]认为,治理是指政府和(或)社会组织在一定范围内运用公共权威管理社会政治事务,维护社会公共秩序,满足公共需要。需要指出的是,治理不等于善治,治理是一个中性词,它有可能和暴力、压制结合,也有可能与正义、人权相结合。前者是人治、恶治,后者才是法治与善治(汪习根 等,2015)。

斯托克(1999)曾就治理理论的主要观点进行了总结与归纳,主要包括五个方面:一是治理行为的主体可以是政府,但又不主要局限于政府;二是政府、社会组织、市场组织以及居民等在解决社会或经济问题的过程中,其界限与责任日益具有模糊性;三是在涉及集体行为时,各个社会公共机构之间是相互依赖的关系;四是治理意味着参与者将形成一个自主的网络;五是治理意味着解决问题的能力不仅限于政府的权力,还存在其他的管理方法和技术。俞可平(2015)[24-25]着重区分了治理与统治的基本区别:一是治理与统治的本质性区别在于统治的主体一定是公共机构,而治理的主体是多元的,可以是公共机构,也可以是私人机构抑或是公私合作形成的机构;二是统治的权力运行向度通常是自上而下的,而治理的权力运行向度是多元的,参与者之间的关系是合作型、协商型的伙伴关系;三是统治所涉及的范围是以领土为边界的,而治理所涉及的边界要更为广泛,可以是跨越国界的;四是统治的权威主要源于政府的法规命令，以强制性为主，而治理的权威主要源于公民的认同与共识，以自愿性为主。

虽然治理可以一定程度上克服政府"失灵"与市场"失灵"的不足，但治理并非万能的，也存在治理失灵的可能性。杰索普（2014）认为导致治理失灵的原因主要包括三个方面：一是治理谋求在市场组织与非市场组织之间达到一种平衡，然而在现实中这两者之间就其体量和权力是严重失衡的；二是治理机制与政府机制的标准是不同的，两种标准之间如何能够进行整合和协调是治理成功的重要因素；三是治理条件过于简单以及对影响治理目标的相关因素考虑不足也可能会致使治理失灵。邱忠霞 等（2016）从结构功能主义的视角分析了治理失灵的致因：结构层面的致因包括多元治理主体之间的地位不平等，合作网络结构不能保持稳定，治理规则的建设滞后于治理实践的变化等；功能层面的致因包括多元主体的利益出发点、价值观不同，难以保证合作治理意向达成一致，公民参与多停留在形式主义层面上，治理责任不清晰所引发的问责困境等。

针对治理可能产生的失灵困境，理论界提出了"善治"的概念和理论。俞可平（2015）[28]指出，善治概括性地讲就是良好的治理，是使公共利益最大化的社会管理过程。实现善治的前提主要包括四个方面：一是治理需要有效地整合政府、社会组织、市场组织以及居民等多方力量，才能真正地发挥作用；二是参与治理的多元主体间的责任必须是明确、有约束的，不然会导致相互扯皮的现象；三是实现有效治理需要以第三部门的充分发育为保障，不然难以形成多元治理的合力；四是要积极利用多种手段与方式（丁宇，2011）[35]。此外，为了避免治理理论所指出的多中心治理可能嬗变为无中心治理的弊端，理论界提出加强"元治理"的对策（即对治理进行治理），旨在提高多元治理主体之间的协同力，从而对治理去中心化、去权威化的自由趋势进行适当的控制（孙珠峰 等，2016）。"元治理"强调政府应在治理过程中发挥重要作用，比如：确定跨系统间的规则边界、创设系统间的联系、引导其他合作伙伴、构建相应的反馈机制、保障不同治理机制的互通性等（Jessop，2002）[242-245]。需要指出的是，强调政府在"元治理"中发挥重要作用，并不等于重回"国家中心主义"的传统。在"元治理"中，对政府作用的定位不是指向权力而是指向责任。在治理过程中，政府更应扮演"同辈中长者"的角色，其主要任务并非投身到治理实践中，而是在调动治理主体积极性、协调治理关系、把握治理方向、维护治理秩序上发挥更大作用（张骁虎，2017）。

那么，如何评价治理是不是良好的治理或者是"善治"呢？对此，世界银行提出了几个主要评价指标，即健全的法治、拥有公平执行公共支出的行政体系、政府有高度责任感、政策公开透明（丁宇，2011）[36]。俞可平（2015）[29-32]归纳了学界观点，指出"善治"包括十个方面的基本要素：一是合法性，即社会秩序被认可、服从；二是法治，即法治健全、执法有效；三是透明性，即政策、活动与财政等信息公开；四是责任性，即参与主体需承担相应职能、义务；五是回应，即要主动地向居民征询建议、解释政策；六是有效，即管理机构设置合理、管理成本低；七是参与，即多方主体要积极参与治理；八是稳定，即公民团结、生活有序、政策连贯等；九是廉洁，即参与主体不以权谋私、清明廉洁；十是公正，即居民权利平等、有保障。

党的十八届三中全会把"完善和发展中国特色社会主义制度，推进国家治理体系和治理能力现代化"作为我国全面深化改革的总目标（中共中央，2013）。党的十九大也强调"不断推进国家治理体系和治理能力现代化""吸收人类文明有益成果，构建系统完备、科学规范、运行有效的制度体系"（习近平，2017）。2019年，党的十九届四中全会着重审议通过了《中共中央关于坚持和完善中国特色社会主义制度、推进国家治理体系和治理能力现代化若干重大问题的决定》，并明确提出："到二〇三五年，各方面制度更加完善，基本实现国家治理体系和治理能力现代化；到新中国成立一百年时，全面实现国家治理体系和治理能力现代化，使中国特色社会主义制度更加巩固、优越性充分展现。"（中共中央，2019）以上重大战略决策的制定，体现出了党和国家对治理理论的高度重视与积极借鉴。作为国家发展中的一部分，"村改居"社区的治理（包括"村改居"社区公共体育服务治理）也应积极借鉴治理理论的相关成果，着力构建适用于"村改居"社区的治理体系，提升"村改居"社区的治理能力，从实践层面上对接"推进国家治理体系和治理能力现代化"的总目标。

二、新公共服务理论

新公共服务理论的产生源于对新公共管理理论过分强调经济理性与市场导

向的批判。作为新公共服务理论的主要创始人,美国学者 J. 登哈特 等(2004)[11-15] 在其《新公共服务:服务,而不是掌舵》一书中指出,尊重民主、追求公共利益、重视公民权、以人为本是公共服务的核心追求。他们将这一核心追求具体阐述为以下七个方面:一是政府的主要职能应该是服务而不是掌舵,政府要与社会组织、市场组织以及居民一道解决公共服务问题;二是公共利益应该是目标而非仅是副产品,政府应促进公共利益观的形成;三是战略性地思考、民主化地行动,政府应支持居民参与公共服务决策;四是要为居民服务而不是为顾客服务,政府在提供公共服务过程中要强化公平与公正的意识;五是责任不是一个简单的概念,公共服务供给既要关注市场,又要关注依法行政;六是在公共服务供给中要重视人的价值,而不仅仅是生产效率;七是公民权和公共服务要比企业家精神重要。

楚明锟 等(2010)曾撰文比较了新公共服务理论与新公共管理理论的异同。这两大理论的共同点表现为:一是均对传统的基于科层制体系构建的官僚制行政提出了质疑;二是均重视政府管理效率的提高;三是均强调战略管理、绩效管理以及外部管理等方法的运用;四是均强调政府服务理念的塑造。不同点表现为:一是新公共管理理论把政府职能定位为"掌舵",新公共服务理论则将其定位为"服务";二是新公共管理理论强调以顾客为导向,新公共服务理论则以公民为导向;三是新公共管理理论倡导用市场方法解决问题,新公共服务理论则倡导多元主体共同参与解决问题;四是新公共管理理论关注的焦点是如何提高政府的效率,新公共服务理论则更多地关注如何促进居民参与以及民主治理;五是新公共管理理论重视构建有竞争力的分权组织机制,新公共服务理论则重视构建基于信任的合作伙伴关系。

新公共服务理论积极推进了发达国家建设服务型政府的进程。比如,澳大利亚发布的《公共服务法案》、美国发布的《国家绩效评估报告》以及加拿大启动的"公共部门改革",均强调了服务型政府的建设(辛静,2008)[7-8]。我国在党的十六届六中全会上提出了"建设服务型政府,强化社会管理和公共服务职能"(中共中央,2006)的目标。党的十九届三中全会也再次强调了"调整优化政府机构职能,全面提高政府效能,建设人民满意的服务型政府"(中共中央,2018a)的改革方向。对于"村改居"社区而言,积极吸纳新公共服务理论的先进经验,不仅有助于在理论层面为其公共服务的有效供给提供参考,也有助于从实践层面推动地方政府完成从掌舵型向服务型的转变。

三、文化适应理论

文化适应理论是文化人类学领域的一个重要理论。其中，文化适应是指拥有不同文化的两个群体间，由于发生持续、直接的文化接触，导致一方或者双方原有文化发生变化的现象（Redfield et al.，1936）。帕克（Park，1950）[150]曾提出文化适应的四阶段模型，即接触、竞争、调整与同化，但该模型存在的一个缺陷是预先设定个体最终会被主流文化所同化；然而事实上却并非全都如此，导致模型过于绝对化与单一化。针对此缺陷，贝里（Berry，1997）基于个体"对原有文化的保留情况"以及"与异文化的互动情况"两个维度，提出了文化适应的四种策略：一是整合策略，即个体既能保持原文化，又能和其他文化群体保持良好的关系；二是同化策略，即个体不愿意保持原文化，与其他文化群体保持经常性交流；三是分离策略，即个体重视原文化，不愿与其他文化群体进行交流；四是边缘化策略，即个体轻视原文化或其他文化，采取自我隔离的策略。

王丽娟（2011）在归纳国内外学者观点的基础上，认为影响文化适应的因素包括客观、主观两大层面。其中，客观因素主要包括价值观念、文化距离、社会支持网络以及环境变化等；主观因素主要包括文化中心主义、认知偏见以及应对方式等。叶继红（2011）着重对我国农民集中居住区文化适应进行了实证研究，结果显示：其一，社区环境对居民的文化适应有显著影响，社区环境越好的居民其文化适应度越高；其二，社会交往对居民的文化适应有显著影响，社会交往频繁的居民其文化适应度相对较高；其三，身份认同对居民的文化适应有显著影响，越是认同市民身份的居民其文化适应度也越高；其四，年龄、受教育程度、家庭收入等个体因素也会影响居民的文化适应，但相比社会环境、社会交往以及身份认同等因素，个体因素对居民文化适应的影响相对较弱。

对于"村改居"社区居民而言，他们也面临一个从农村文化向城镇文化转变的适应过程。而且，对于我国而言，农村文化与城镇文化是两种存在本质性区别的文化，前者更多地是基于地缘、血缘形成的"熟人社会"文化，后者更多地是基于法律、契约形成的"生人社会"文化,文化距离过大也加大了"村改居"居民文化适应的难度。对此,《国家新型城镇化规划(2014—2020年)》指出,要"促进传统文化与现代文化、本土文化与外来文化交融,形成多元开放的现代城市文化"(中共中央 等,2014)。对于"村改居"社区的公共体育服务治理而言,也需要关注居民的文化适应问题。在此方面,文化适应理论可以提供较好的理论借鉴。

第五节 基本概念释义

一、新型城镇化

新型城镇化是基于我国传统城镇化推进过程中所引发的大量农业转移人口难以融入城镇社会、土地城镇化快于人口城镇化、城镇空间分布和规模结构不合理等现实问题而提出的具有中国特色的城镇化发展道路(新玉言,2015)[37-42]。新型城镇化的核心是人的城镇化;基本原则包括以人为本、公平共享,四化同步、统筹城乡,优化布局、集约高效,生态文明、绿色低碳,文化传承、彰显特色,市场主导、政府引导,统筹规划、分类指导;基本内涵包括就业方式城镇化、生活方式城镇化、居住区域城镇化、公共服务城镇化、社会治理城镇化、人居环境优美化(金月华,2016)[26-33]。关于传统城镇化与新型城镇化的具体区别,参见表1-1。

表1-1 传统城镇化与新型城镇化的差异比较

	传统城镇化	新型城镇化
表现形式	被动城镇化、土地城镇化	主动城镇化、人口城镇化
本质特征	半市民化、城乡差距较大	市民化、城乡一体化
主导理念	资源消耗型、环境污染型	资源节约型、生态环保型
驱动方式	城镇化"单兵突进"	"四化"融合发展

资料来源:孙立行,2014.中国特色的"新型城镇化"道路辨析[J].区域经济评论,1:22-28.

二、"村改居"社区

从本质上讲,"村改居"社区并不是一种与农村社区、城镇社区并列的社区类型,它是在我国城乡二元体制下,由政府主导将城镇周边的农村人口成建制地由农村户籍转为城镇户籍,将原农村建制的村委会转为城镇建制的社区居委会过程中,所形成的具有过渡性质的社区(杨贵华,2014b)[11]。需要指出的是,由于"村改居"社区的过渡性特点,在"村改居"社区中存在少部分原村民未转为城镇户籍的现象;同时也存在少部分原村委会仍然存在的现象。在本研究中,主要以政府规划中对其社区性质的界定为参考。

三、"村改居"社区居民

在本研究中,"村改居"社区居民是指居住在"村改居"社区的居民,既包括户籍转换的原村民,也包括在"村改居"社区购房居住的普通城镇居民;此外,还包括在"村改居"社区租房居住的流动人口。

四、公共体育服务

公共体育服务就其内涵而言,有广义与狭义两个指向。其中,广义指向的公共体育服务既包括群众体育公共服务,也包括竞技体育公共服务以及学校体育公共服务;狭义指向的公共体育服务主要是群众体育公共服务。在本研究中,对于公共体育服务的界定,取其狭义指向,主要是指以政府为核心的公共部门,运用其公共权力通过多种形式促进居民参与体育锻炼的公共服务,它具有公共性、公益性与公平性的特点,并不包括居民个体性地通过营利性渠道购买的差别化体育服务(马德浩 等,2016)。

五、治理模式

治理模式是指政府、社会组织、市场组织以及居民等治理主体,在治理理念的导向下，基于具体的制度环境等因素，通过一定的治理机制，对相关利益问题、公民诉求等进行治理的特定形式（汪伟全，2012）。在本研究中，将着重就"村改居"社区公共体育服务治理模式中的治理理念、治理主体、治理结构以及治理机制等治理要素进行分析。

第六节　研究方法

一、文献资料法

通过对国内外相关文献的梳理，为本研究提供参考。文献梳理主要包括三个方面：一是学术观点梳理，即通过文献研究知晓国内外学者在"村改居"社区公共体育服务治理上所持的观点以及所发现的问题，为本研究提供理论参考；二是政策文件梳理，即了解我国有关"村改居"社区治理方面的政策文件及其颁发背景，为本研究提供政策参考；三是实地调研材料梳理，即通过对实地调研材料的收集与分析，了解所调研"村改居"社区的形成背景、组织建设以及人文特点等，为本研究提供现实依据。

二、实地调研法

实地调研有助于加深研究者对所调研社区的主观认识，并在切身观察与思考中发现一些量化研究可能会忽视或难以掌握到的现实问题（骆玲，2005）。由于"村改居"社区属于过渡性社区，对于该类型社区实地调研点的选择，需要结合当地政府部门的城镇规划以及本研究对"村改居"社区的概念界定，同时还需考虑到进入该类型社区进行调研与访谈的便利性、真实性与可操作性。基于以上考虑，结合我国东部、中部与西部的区域地理划分，本研究主要通过专家引荐、熟人介绍等形式进行了"村改居"社区实地调研点的选择。具体包括：在东部地区选择了山东省枣庄市S社区、浙江省嘉兴市L社区、上海市青浦区H社区[①]进

[①] 在实地调研点的选择上，考虑到北京、上海、广州和深圳四个一线城市在户籍制度以及城镇规划上可能与我国其他城市存在一定的差异，故选择上海市青浦区H社区作为一线城市的"村改居"社区案例进行实地调研。

行实地调研；在中部地区选择了安徽省合肥市 T 社区、山西省太原市 J 社区进行实地调研；在西部地区选择了陕西省西安市 N 社区、重庆市南川区 D 社区进行实地调研①。其中，每个实地调研社区的调查次数在 2 次以上，每次实地调研时间在 3 天以上。实地调研内容主要包括"村改居"社区公共体育服务的治理理念、治理主体、治理结构以及治理机制等。

所调研"村改居"社区的基本情况如下：

S 社区位于山东省枣庄市的市中区，地理位置优越，商业服务业较发达。2001 年，枣庄市基于棚户区改造的需要，撤销 3 个行政村②，成立了 S 社区。社区辖区内有 2 所中学，2 个拆迁安置小区③，现有常住及流动人口约 11 000 人。社区年总收入约 400 万元。社区实行了网格化管理，所辖小区由物业公司进行物业管理。社区曾获得枣庄市百强村居、文明社区等称号。

L 社区位于浙江省嘉兴市的南湖区，毗邻 302 国道以及综合物流园，交通便利，物流业较发达。2006 年，嘉兴市基于建设经济开发区的考虑，撤销 3 个行政村，成立了 L 社区。社区辖区内有 5 所中小学及高职院校，3 个拆迁安置小区。社区现有常住以及流动人口约 26 200 人。社区实行了网格化管理，所辖小区由物业公司进行物业管理。

H 社区位于上海市青浦区，毗邻沪宁高速、沪常高速以及虹桥机场，属于大虹桥辐射圈内，服务业与物流业较发达。2004 年，青浦区基于建设工业园区的需要，撤销了 1 个行政村，成立了 H 社区。社区有 1 个拆迁安置小区。现有常住以及流动人口约 4 600 人。社区实行了网格化管理，所辖小区由物业公司进行物业管理。

T 社区位于安徽省合肥市高新技术产业开发区，毗邻合宁高速公路，位于风景秀美的大蜀山西南侧。2002 年，合肥市基于建设高新技术产业开发区的需求，撤销 1 个行政村，成立了 T 社区。社区辖区内有 1 所中学，1 个拆迁安置小区。现有常住以及流动人口约 4 300 人。社区实行了网格化管理，所辖小区

---

① 根据实地调研研究的学术规范，同时基于实地调研社区负责人的诉求，本研究对实地调研"村改居"社区的具体名称用英文字母表示。
② 不同地区行政村的规模不同，有的行政村由若干自然村组成，有的行政村就是一个自然村。在统计时，以行政村为单位进行计算。
③ "村改居"社区的情况较为复杂，有的社区只有拆迁安置小区，有的社区则既有拆迁安置小区也有商业小区，但整体上以拆迁安置小区为主。在调研时，主要对拆迁安置小区进行调研。

由物业公司进行物业管理。社区曾获得合肥市五星示范社区称号。

J社区位于山西省太原市杏花岭区,毗邻307国道。2006年,太原市基于城市规划与发展的需求,撤销2个行政村,成立了J社区。社区辖区内有1所小学,2个拆迁安置小区。现有常住以及流动人口约12 000人。社区实行了网格化管理,所辖小区由物业公司进行物业管理。社区现有集体经济固定资产3亿多元。

N社区位于陕西省西安市西咸新区①,毗邻西安市咸阳国际机场以及西安市火车北站,交通便利。2012年,为了加快建设西咸新区,推进西安市与咸阳市一体化进程,经政府批准,撤销1个行政村,成立了N社区。社区辖区内有1所小学,1个拆迁安置小区。现有常住以及流动人口约4 800人。社区实行了网格化管理,所辖小区由物业公司进行物业管理。

D社区位于重庆市南川区,属于重庆市"一小时经济圈",距重庆主城区仅1小时车程,毗邻渝湘高速、南道高速等。1999年,南川市(后改为南川区)基于主城区改造的需要,撤销3个行政村,成立了D社区。社区辖区内有4所中小学,3个拆迁安置小区。现有常住以及流动人口约20 000人。社区实行了网格化管理,所辖小区由物业公司进行物业管理。社区现有入住商户近200家,年销售收入上亿元。

三、问卷调查法

为了克服在实地调研过程中,单纯依靠研究者的观察可能会导致研究观点的过度主观化以及研究视角的单一化弊端,可以通过辅之以问卷调查、访谈、实验干预等方法来进行弥补(陆益龙,2008)。基于此,本研究综合考虑"村改居"社区的形成背景、性质特点、组织建设、社区秩序、公共服务以及社区治理等宏观因素,同时基于公共体育服务所涉及的具体指标,编制了针对"村改居"社区居民体育参与及公共体育服务满意度的调查问卷,旨在从居民视角探究"村改居"社区公共体育服务的治理现状及其存在的主要问题。在调查问卷的效度检验上主要采用专家效度评定法,从结构效度、内容效度和总体效度三个维度进行评定,按最高分为5分、最低分为1分的顺序依次排

---

① 2014年,国务院正式批复陕西省设立西咸新区,这是我国第七个国家级新区。2017年,西咸新区划归西安市代管。

列。7位参与效度评定的专家均具有高级职称和博士学位，且熟悉本领域研究（表1-2）。

表1-2 调查问卷效度评定信息

专家姓名	职 称	学位	单 位	结构效度	内容效度	总体效度
ZJK	教 授	博士	上海体育学院	5	5	5
LG	教 授	博士	上海师范大学	4	5	4
CP	教 授	博士	重庆师范大学	4	4	4
LGH	教 授	博士	华东师范大学	5	5	5
XW	教 授	博士	华东师范大学	5	5	5
YJ	教 授	博士	华东师范大学	5	4	5
TEQ	副教授	博士	上海师范大学	4	5	4

如表1-2所示，7位专家在问卷结构效度上的评定平均分为4.6分，内容效度上的评定平均分为4.7分，总体效度上的评定平均分为4.6分，说明问卷效度整体较好。在问卷信度的检验上主要采用重测信度法，首先于2017年10月在上海市青浦区H社区随机选取35人进行问卷调查，并记录这35人的联系地址与电话，间隔两周后再次对这35人进行了同一问卷的调查。通过SPSS统计软件对两次调查结果进行统计分析后显示Pearson相关系数r为0.84（$P<0.01$），说明问卷信度较好。问卷发放范围是本研究实地调研的7个"村改居"社区。在问卷发放环节，主要采用由课题组成员在社区管理人员带领下随机入户发放的形式完成，为了避免中青年人群由于工作原因不在户内的情况，问卷发放的时间主要集中在周末白天或工作日晚上。同时，为了尽可能地保持问卷发放人群人口学指标（比如年龄[①]、性别、职业等）上的均衡性，部分问卷选择在社区居民大会上进行发放。问卷发放总数为960份，回收有效问卷691份，有效回收率为72%。

四、访谈法

为了从社区管理人员的视角了解"村改居"社区公共体育服务的治理现状

[①] 考虑到19岁及以下人群大部分为在校学生，其体育参与情况受学校体育的影响较大，且他们对"村改居"社区情况的了解相对有限；所以，本研究在问卷调查上以20岁及以上人群为对象。

及其存在的主要问题，本研究编制了针对社区管理人员的访谈提纲，并对实地调研的7个"村改居"社区的党委书记或居委会主任进行了访谈①，主要访谈对象信息见表1-3。

表1-3 主要访谈对象信息

姓 名	所 在 社 区	职 务
WRH	山东省枣庄市S社区	社区党委书记
SQ	浙江省嘉兴市L社区	社区党委书记、居委会主任
YZJ	上海市青浦区H社区	社区居委会主任
LQ	安徽省合肥市T社区	社区党委书记、居委会主任
ZYS	山西省太原市J社区	社区党委书记、居委会主任
XK	陕西省西安市N社区	社区党委书记、居委会主任
LQL	重庆市南川区D社区	社区党委书记

五、数理统计法

这里主要是指针对本研究所发放的《"村改居"社区居民体育参与及公共体育服务满意度调查问卷》进行数据录入与统计分析，所用统计软件为SPSS。相关图表用EXCEL软件绘制。

第七节 创新之处

本研究的创新之处主要体现在以下方面。

一是在研究对象方面，在不改变我国城乡二元体制的前提下，随着城镇化进程的推进，作为我国独特社会现象的"村改居"社区将越来越多。"村改居"社区"亦城亦村"的过渡性决定了其治理模式的特殊性；然而，从文献梳理来看，国内目前鲜有专门就"村改居"社区公共体育服务治理模式开展的系统性研究。基于这种现实需求与研究现状，选取"村改居"社区公共体育服务治理

---

① 根据实地调研的学术规范，同时基于访谈人的诉求，本研究对访谈对象的姓名用英文字母表示。

模式作为研究对象，具有一定的创新价值。

二是在研究视域方面，我国的城镇化进程是基于城乡二元体制推进的，这种体制上的羁绊使得城镇化在推进过程中产生了很多矛盾，尤其以"村改居"社区的矛盾最为集中。在这种背景下，党中央提出了新型城镇化的理念与战略，它与传统的城镇化理念与战略的根本区别在于更加强调以人为本，更加重视人的城镇化；然而，从文献梳理来看，国内目前鲜有在新型城镇化视域下探讨"村改居"社区公共体育服务治理模式的研究。基于这种现实需求与研究现状，选取"新型城镇化"作为研究视域，具有一定的创新价值。

三是在理论依据方面，治理理论是在国家或地方公共事务管理复杂性不断加大，政府单一主体管理能力愈显不足的背景下提出的具有革新性的理论，它强调参与公共事务治理主体的多元化、治理结构的扁平化以及治理机制的多样化。党的十八届三中全会明确提出要推进国家治理体系与治理能力现代化。"村改居"社区作为我国城镇化推进过程中产生的特殊类型社区，其公共体育服务生产与分配的过程较复杂，涉及的利益主体也较多，迫切需要治理理论给予指导；然而，从文献梳理来看，国内目前鲜有借助治理理论分析"村改居"社区公共体育服务的系统性研究。基于这种现实需求与研究现状，选取治理理论作为研究的理论依据，具有一定的创新价值。

四是在研究设计方面，从前期文献梳理来看，国内目前有关"村改居"社区体育发展的研究主要采取两种研究设计：一种是以问卷调查的形式对"村改居"社区居民体育参与及公共体育服务满意度现状进行分析，这种研究设计虽能站在居民视角上反映其体育参与诉求，但也存在视角单一且缺乏对"村改居"社区深度观察的缺陷；另一种是以实地调研的形式对"村改居"社区体育发展的管理体制与运行机制进行分析，这种研究设计虽能使研究者更深入地了解"村改居"社区体育发展的体制、机制，但也存在视角单一且存在主观判断之嫌的缺陷。基于此，本研究试图融合以上两种研究设计，并辅之以对"村改居"社区管理人员的访谈，进而从研究者、居民、管理人员等多元视角，定量与定性相结合地全方位分析"村改居"社区的公共体育服务治理问题。此外，为了克服个案研究可能产生的代表性问题，本研究采取了扩展个案研究的设计，从东部、中部、西部选取了7个"村改居"社区进行实地调研，进而使实地调研更具有代表性。

五是在研究观点方面，我国目前很多地方政府常常简单地将普通城镇社区的公共体育服务治理模式套用在"村改居"社区公共体育服务治理上，相对地忽略了"村改居"社区"亦城亦村"的特点及其区别于普通城镇社区的特殊主体类型（如原村集体经济组织等），导致"村改居"社区的公共体育服务治理效果不佳，居民的体育参与率也不高。对此，本研究认为"村改居"社区在公共体育服务治理中有其自身的文化特性与主体特点，应根据这些文化特性与主体特点因地制宜地构建具有"村改居"社区特色的公共体育服务治理模式，而不是简单地复制普通城镇社区的公共体育服务治理模式。所以，在本研究中，着重对原村规民约、民俗体育文化等非正式制度以及原村集体经济组织等主体如何更好地在"村改居"社区公共体育服务治理中发挥作用进行了论述，具有一定的创新价值。

第二章 居民体育参与及公共体育服务满意度现状

第一节 居民体育参与现状

一、居民的身体健康状况评价及体育认知情况

（一）居民的身体健康状况评价情况

2017年，"村改居"社区20岁及以上居民在对自己目前身体健康状况的评价中，认为身体健康状况"很好""较好"的人数百分比为62.7%，认为身体健康状况"一般""较差""很差"的人数百分比为37.3%（如图2-1所示）。从整体上看，"村改居"社区居民的身体健康状况不容乐观，需要给予关注与干预。

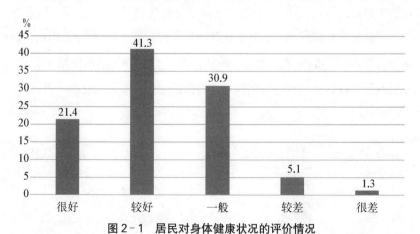

图2-1 居民对身体健康状况的评价情况

（二）居民的体育认知情况

1. 居民对体育参与促进身体健康的认知情况

2017年，"村改居"社区20岁及以上居民在对体育参与促进身体健康的认

知上,认为参加体育锻炼对促进身体健康"作用很大""作用较大"的人数百分比为92.8%(如图2-2所示)。这表明"村改居"社区居民能够普遍意识到参加体育锻炼对身体健康的促进作用。

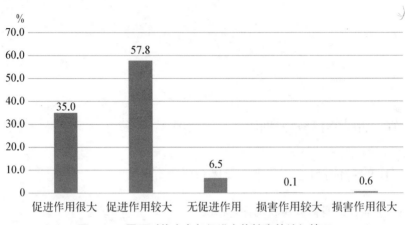

图2-2 居民对体育参与促进身体健康的认知情况

2.居民对体育参与和城镇文化关系的认知情况

2017年,在"村改居"社区20岁及以上居民中,有69.6%的居民选择"更喜欢城镇生活方式",有30.4%的居民选择"更喜欢农村生活方式",仍有近三分之一的"村改居"社区居民尚需在文化认同上完成转变。如图2-3所示,在被问及参加体育锻炼是否是城镇文化的一种体现时,有91.8%的居民给予肯定回答,表明"村改居"社区居民普遍认同参加体育锻炼是融入城镇文化的一种体现。

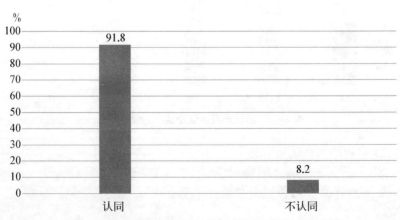

图2-3 居民对体育参与是城镇文化体现的认同情况

3. 居民体育参与的目的

如图2-4所示，2017年，排在"村改居"社区20岁及以上居民体育参与目的前五位的依次为"提高身体素质""调节情绪""增加体力活动""防病治病"以及"减肥"。《2014年全民健身活动状况调查公报》的数据显示，排在我国20岁及以上城乡居民体育参与目的前五位的依次为"提高身体素质""消遣娱乐""增加体力活动""防病治病""减轻压力、调节情绪"（国家体育总局，2015）。从这两组调查看出，"村改居"社区居民与全国城乡居民在体育参与的主要目的上基本一致，但也存在一定差异。比如，"调节情绪"排在"村改居"社区居民体育参与目的的第二位，却排在全国城乡居民体育参与目的的第五位；"消遣娱乐"排在"村改居"社区居民体育参与目的的第六位，却排在全国城乡居民体育参与目的的第二位。从整体上看，相较于全国城乡居民，"村改居"社区居民体育参与的目的更强调实用性，比较重视体育参与的强身健体价值。学者对不同阶层体育参与倾向的研究显示：社会上层人群强调体育参与的标识性，相对重视体育参与的社会交往价值；中间阶层人群强调体育参与的体验性，相对重视体育参与的休闲娱乐价值；底层人群强调体育参与的实用性，相对重视体育参与的强身健体价值（马德浩 等，2015a）。导致"村改居"社区居民体育参与目的实用性倾向的原因可能与其整体的阶层位次偏低有关。

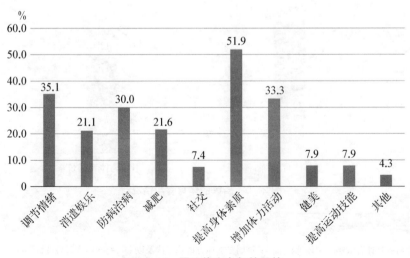

图2-4　居民体育参与的目的

二、居民体育参与的人口指标特征

2017年,"村改居"社区20岁及以上居民参加体育锻炼的人数百分比为57.6%(如图2-5所示),其中经常参加体育锻炼①的人数百分比为17.5%。《2014年全民健身活动状况调查公报》的数据显示,全国20岁及以上城乡居民经常参加体育锻炼的人数百分比为14.7%,其中城镇居民为19.5%,农民为10.4%(国家体育总局,2015)。从以上数据可以看出,"村改居"社区居民经常参加体育锻炼的人数百分比位于全国城镇居民与农民的该比例之间,这也符合"村改居"社区作为过渡性社区的预期判断。事实上,不管是"村改居"社区居民经常参加体育锻炼的人数百分比,还是全国城乡居民经常参加体育锻炼的人数百分比,均与发达国家存在较大的差距。比如,美国6岁及以上居民2017年参加高强度体育锻炼的人数百分比为51.5%(Physical Activity Council,2018);英国16岁及以上居民在2016年5月到2017年5月期间每周参加150分钟以上体育锻炼的人数百分比为60.6%(Sport England,2017);澳大利亚15岁及以上居民在2015年10月到2016年9月期间每周至少参加三次体育锻炼的人数百分比为59%(Australian Sports Commission,2017)。

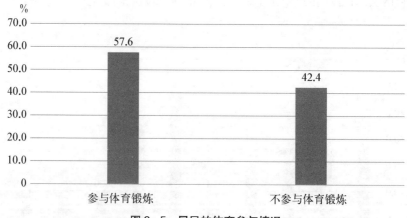

图2-5 居民的体育参与情况

---

① "经常参加体育锻炼"的评价标准是:每周参加体育锻炼三次及以上,每次体育锻炼持续时间30分钟及以上,每次体育锻炼的运动强度达到中等及以上。

(一)不同性别居民的体育参与情况

2017年,20岁及以上男性"村改居"社区居民参加体育锻炼的人数百分比为60.2%,女性居民参加体育锻炼的人数百分比为55.3%,男性居民参加体育锻炼的人数百分比整体高于女性居民(如图2-6所示)。国家体育总局对十省市城乡居民的调查显示,20～69岁男性居民参加体育锻炼的人数百分比为50.2%,女性居民为48.2%,也呈现出男性居民参加体育锻炼的人数百分比高于女性居民的现状(刘国永 等,2014)[289]。导致女性"村改居"社区居民参加体育锻炼的人数百分比低于男性居民的原因可能包括:一是女性居民在进入城镇后,为了整个家庭的生计,开始在城镇寻求工作,但受制于整体的受教育程度偏低,其就业岗位多集中在服务业领域(如超市售货员、家政人员、环卫工人等),这些就业岗位的工作时间很多是每天超出8小时的,有时在周末也需要工作,一定程度上压缩了女性居民的闲暇时间;二是受我国"男主外、女主内"传统家庭分工影响,女性居民承担了大量的家务劳作,这也进一步压缩了其闲暇时间;三是我国传统文化对于女性美,强调其身体要柔弱、纤细而不是强健、有力,性格要温、良、恭、俭、让而不是现代体育所追求的张扬个性、展示自我,传统的女性审美观也是制约女性居民体育参与的原因之一(马德浩,2019a)。

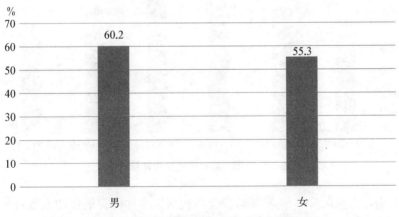

图2-6 不同性别居民的体育参与情况

(二)不同年龄段居民的体育参与情况

2017年,不同年龄段"村改居"社区居民参加体育锻炼的人数百分比整体呈现出"倒U"形的趋势,即从20~29岁年龄段至50~59岁年龄段,随年龄增长,居民参加体育锻炼的人数百分比上升;从50~59岁年龄段至70岁及以上年龄段,随年龄增长,居民参加体育锻炼的人数百分比下降(如图2-7所示);而根据《2014年全民健身活动状况调查公报》的数据,全国20岁及以上城乡居民整体呈现出随年龄增长居民参加体育锻炼的人数百分比下降的趋势(国家体育总局,2015)。出现这种差异的原因可能与"村改居"社区不同年龄段居民的就业情况与就业性质有关。"村改居"社区居民与全国城乡居民在不同年龄段体育参与情况的差异,主要集中在20~29岁年龄段与50~59岁年龄段。其中,20~29岁是全国城乡居民参加体育锻炼的人数百分比最高的年龄段,却是"村改居"社区居民参加体育锻炼的人数百分比较低的年龄段。导致该年龄段"村改居"社区居民与全国城乡居民体育参与情况差异的原因可能是:由于"村改居"社区居民的受教育程度多集中在高中及以下学历,受教育程度偏低导致"村改居"社区居民的职业多集中在个体工商户、产业工人、商业服务业员工以及农业劳动者等类型,这些职业类型大多以体力劳动为主,而且工作时间相对较长,闲暇时间相对偏少,一定程度上制约了其体育参与的积极性。

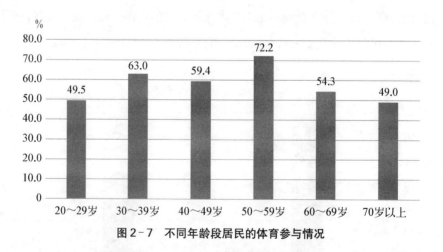

图2-7 不同年龄段居民的体育参与情况

然而,为何在50~59岁年龄段会出现居民参加体育锻炼的人数百分比峰值?原因可能包括:一是50~59岁年龄段"村改居"社区居民受年龄、受教育程度以及身体情况等因素影响,他们获得就业机会的能力相对弱于20~29岁、30~39岁以及40~49岁年龄段居民,导致该年龄段"村改居"社区居民很大一部分赋闲在家,有较多的闲暇时间(吴莹,2018)[236];二是相较于普通城镇社区居民,"村改居"社区居民受农村文化的影响,存在"早结婚、早生子"的传统认知,而且很多"村改居"社区青年居民整体的受教育程度偏低,较早地结束学业进入就业市场。另外,他们在"村改居"过程中会分得住房,结婚较早且生育子女也较早,这也使得很多50~59岁年龄段"村改居"社区居民放弃就业,在家帮助子女看护幼儿,闲暇时间也相对增多;三是50~59岁年龄段"村改居"社区居民相较于20~29岁、30~39岁以及40~49岁年龄段居民,对自身健康的关注度提高,此外"村改居"社区医疗保障体系的建设尚不健全,他们通过参加体育锻炼提升自身健康水平的积极性也相对较高;四是50~59岁年龄段"村改居"社区居民大多经历过长时期的农业劳动,"村改居"后他们从农业劳动中脱离出来,但对体力型劳动所形成的"活动筋骨"习惯,可能会驱使他们把参加体育锻炼作为体力型劳动的替代品在日常生活中延续,而且参加体育锻炼也是他们维持邻里关系,寻求精神归属感的一种渠道(吴莹,2018)[243]。

(三) 不同户籍居民的体育参与情况

"村改居"社区作为过渡性社区,大部分原村民在"村改居"过程中完成了由农业户籍向非农业户籍的转变,但仍有部分原村民尚未或者正在进行户籍转变。此外,由于"村改居"社区多位于城镇近郊区,交通相对便利,房屋租赁或购买价格相对便宜,也吸引了部分流动人口居住于此。2017年,在"村改居"社区20岁及以上居民中,非农业户籍居民参加体育锻炼的人数百分比为61.1%,农业户籍居民参加体育锻炼的人数百分比为55.6%,非农业户籍居民参加体育锻炼的人数百分比整体高于农业户籍居民(如图2-8所示)。《2014

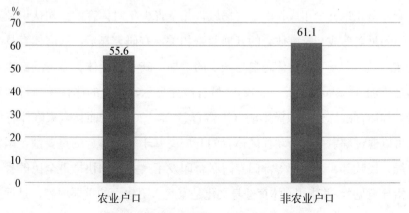

图2-8 不同户籍居民的体育参与情况

年全民健身活动状况调查公报》的数据显示，全国城镇居民参加体育锻炼的人数百分比高于农村居民（国家体育总局，2015）。这也从侧面反映出原村民在"村改居"后，不仅完成了户籍性质的转变，而且在文化适应上也出现了向城镇文化转变的趋势，积极参加体育锻炼便是这种文化适应的真实写照。

导致原村民在"村改居"后参加体育锻炼的人数百分比上升的可能原因主要包括：一是职业性质的转变，由原先"日出而作，日落而息"、不分周末的农业劳动生活转变为"工作日八小时"、周末双休的城镇就业生活，其闲暇时间大大增多，在时间上为其参加体育锻炼提供了更多可能；二是社区环境的优化，原村民在"村改居"后大部分被集中安置在相对标准化的城镇社区里，体育场地设施相较于之前生活的农村有了较大程度的改善，在场地设施上为其参加体育锻炼提供了条件；三是体育健身社团的活跃，原村民中的一些体育能人在"村改居"后，从农业劳动中解放出来，街道办事处通常也会定期举行一些文化体育活动，激发了这些体育能人的主动性，他们成为"村改居"社区各类体育健身社团的中坚力量，加之他们原本在农村"熟人"社会中所形成的社会资本，使得他们能更多地带动原村民的体育参与积极性；四是城镇文化的影射，原村民在"洗脚上楼"后，其所住的"村改居"社区往往和一些城镇商业小区毗邻，在休闲文化上容易受到这些城镇商业小区居民的影响，另外，"村改居"社区本身也有一部分来此购房居住的普通城镇居民，他们的休闲文化也会对原村民产生一定的同化效应。

（四）不同家庭规模居民的体育参与情况

家庭是以婚姻、血缘关系为纽带构成的生活共同体，是整个社会发展的细胞。家庭是儿童青少年成长的主要场域，儿童青少年对体育的最初认识及其体育习惯的早期养成与家庭体育的开展紧密相关。有研究显示，家庭体育具有代际传递效应，即随着父母体育参与频次的增加，其子女的体育参与频次也有可能随之增加（Cislak et al.，2012）。另有研究显示，子女的体育参与行为对其父母参加体育锻炼也有积极影响（王富百慧 等，2016）。而且，家庭体育的活跃还可以通过辐射效应带动社区体育的开展。基于家庭体育的重要性，国家体育总局、民政部、文化部等部门专门联合印发了《关于加快推进全民健身进家庭的指导意见》，并指出：体育健身文化是家庭文明建设的重要内容，是促进家庭和谐幸福的重要基础；大力推进全民健身进家庭，是落实全民健身国家战略的重要举措（国家体育总局 等，2017）。对于"村改居"社区的公共体育服务治理而言，重视家庭体育的发展也尤为必要与重要。

如图2-9所示，2017年，在"村改居"社区20岁及以上居民中，家庭人数为"3~4人"的居民参加体育锻炼的人数百分比最高，其他依次为"5人及以上""2人""1人及以下"。导致这一结果的原因可能是：人数为3~4人的家庭组成结构主要是"夫妻（2人）+未成年子女（1~2人）"，即人口学上定义的"核心家庭"[①]，在这种家庭组成结构中，子女的成长与教育是整个家庭关注的核心。尤其是进入21世纪以来，国家高度重视学生体质健康问题，并加大了对学校体育的干预。比如，中共中央、国务院于2007年印发了《关于加强青少年体育增强青少年体质的意见》，要求"认真落实健康第一的指导思想，把增强学生体质作为学校教育的基本目标之一"（中共中央 等，2007）。国务院办公厅于2016年印发了《关于强化学校体育促进学生身心健康全面发展的意见》，强调"中小学校要合理安排家庭体育作业，家长要支持学生参加社会体育活动"，"中小学要把学生参加体育活动情况、学生体质健康状况和运动技能等级纳入初中、高中学业水平考试"（中华人民共和国国务院办公厅，2016a）。同年印发的《"健康中国2030"规划纲要》也提出"实施青少年体育活动促进计划，培育青少年体育爱好"（中共中央 等，2016）。2019年印发的《健康中国行动（2019—2030年）》专门把"中小学健康促进行动"列为重大行动，要求"将高中体育科目纳入高中学业水平测试或高考综合评价体系，鼓励高校探索在特殊类型招生中增设体育科目测试"（健康中国行动推进委员会，2019）。在这一系列重要政策的干预下，家长逐步重视子女的体质健康问题，并在子女体育参与上积极进行投资，很多家长选择与子女一起锻炼（马德浩 等，2015b）。赵胜国 等（2014）对全国不同规模家庭体育消费情况的调查发现，长辈在家庭体育消费文化中出现盲点，而子代占据了家庭体育消费文化的核心，已呈现出子代"反哺"

[①] 我国目前常见的家庭类型包括：核心家庭（一对父母及其未成年子女组成的家庭），主干家庭（父母和一对已婚子女以及孙子女或外孙子女组成的家庭），联合家庭（父母、已婚子女、未婚子女、孙子女、曾孙子女等几代居住在一起的家庭），单亲家庭（单身父亲或母亲养育与未成年子女组成的家庭），单身家庭（人们到了结婚的年龄不结婚或离婚后不再婚而是个人独自生活的家庭），空巢家庭（子女长大成人后从父母家庭中相继分离出去，只剩下老年一代人独自生活的家庭），未育家庭（刚结婚不久或目前还没有打算要孩子的年轻夫妇家庭），隔代家庭（父母亲长期不在身边或父母双亡，只有祖孙两代人组成的家庭）。

的典型现象，有66.9%的家庭认为家庭体育消费文化信息的获取、认知、参与取决于子代的需求。所以，家庭人数为"3～4人"的居民参加体育锻炼的人数百分比最高，可能与父母对子女体育参与的重视有关；而且正如前面所论及的，"子女体育参与对父母也会产生积极影响"。

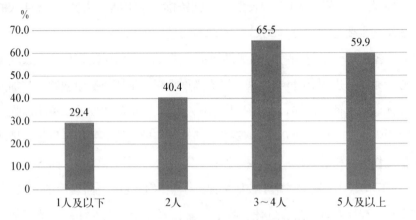

图2-9 不同家庭规模居民的体育参与情况

家庭人数为"2人"或"1人及以下"的居民参加体育锻炼的人数百分比相对偏低，一方面可能与其没有子女或者子女已离开身边单独成立家庭有关；另一方面也和体育参与更多地带有黏合性与互动性的特点有关（马德浩，2016a）。相关研究表明：如果家庭中有成员参加体育锻炼，会对其他成员参加体育锻炼产生积极影响；相反，如果家庭中有成员不参加体育锻炼，会对其他成员参加体育锻炼产生消极影响；家庭成员的示范作用和体育态度对培养其他成员的锻炼行为、形成良好习惯发挥着至关重要的作用（王富百慧、王梅、张彦峰等，2016）。至于家庭人数为"5人及以上"的居民参加体育锻炼的人数百分比为何低于家庭人数为"3～4人"的居民，其原因可能是"5人及以上"家庭组成结构主要为"夫妻（1～2人）+已婚子女（2人）+孙子女或外孙子女（1～2人）"，即人口学上定义的"主干家庭"。在这种家庭组成结构中，作为家庭收入主力的已婚子女除了关注其子女的成长与教育外，还需要照料其父母，他们参加体育锻炼的时间在一定程度上会受到压缩。

（五）不同婚姻状况居民的体育参与情况

改革开放以来，我国居民的家庭观念发生了较大变化：一方面随着社会包容度的提升，婚前同居或婚前性行为逐渐被社会所默许，使得青年一代在婚姻态度上较为轻率；另一方面随着社交方式的便捷化与多元化，人们接触异性的机会增多，婚外性行为增加，致使家庭稳定性逐渐减弱。受此影响，我国居民的离婚率呈现逐渐攀升的趋势，2005～2016年上升了1.63‰，仅2016年依法办理离婚手续的居民就有415.8万对（民政部，2017）。据调查，缺乏沟通和理解是夫妻离婚的最主要原因（于联志，2010）。随着电视、电脑等电器普及，夫妻闲暇时间很大一部分被电视剧、电子游戏等占据，使其用于情感交流的时间被大大压缩。在此背景下，就需要夫妻营造相互交流的机会、寻找加深感情的渠道来维持婚姻稳定性。在这些渠道中，夫妻共同参加体育锻炼是较为积极与健康的一种。夫妻共同参加体育活动不仅可以拉近彼此的距离，体验体育锻炼带来的愉悦感，还可以使彼此从电视剧、电子游戏的狭小空间中走出来。对于"村改居"社区居民而言，他们从农村走进城镇，不管是生活方式、社交方式，还是婚姻理念、家庭理念也面临着一个转型的过程（屈群苹，2018）[125]。在这一转型过程中，如何选择健康的休闲文化方式，如何维持婚姻的稳定性、家庭的稳定性是一个重要的现实问题。从这个意义上讲，加强"村改居"社区公共体育服务治理，提升"村改居"社区居民的体育参与率，对于"村改居"社区居民的文化转型以及维持婚姻稳定、家庭稳定具有较好的促进作用。

如图2-10所示，2017年，在"村改居"社区20岁及以上居民中，已婚居民参加体育锻炼的人数百分比最高，其他依次为未婚、丧偶、离婚居民。其中，已婚居民参加体育锻炼的人数百分比最高的原因除了与前面论述的家庭成员的示范作用和体育态度对培养家庭其他成员的锻炼行为、形成良好习惯发挥着重要作用有关外，还与已婚居民为了改善夫妻关系或亲子关系，主动选择以体育参与为渠道增进彼此的沟通与交流有关。《中国青年报》的一项调查显示，稳定的婚姻能够增强人的休闲意识和休闲数量，已婚人群的休闲活动数量是未婚人群的2倍（鄢光哲，2011）。丧偶、离婚居民参加体育锻炼的人数百分比较低的原因除了和缺少家庭成员的示范作用以及积极影响有关外，还与该部分人群的心理健康状况有关。根据陈思远（2019）[29]基于2013年和2015年中国综合社会调查的实证分析，丧偶、离婚、分居均会对居民的自评心理健康水平产生显著的负面影响，婚姻对居民心理健康具有一定的保护作用。比如，在离婚初期，尤其是对于年龄偏大的居民而言，传统文化对离婚行为的污名化，可能会给离婚居民带来较大的精神压力和负担，使其不愿与他人交流或参加一些集体性活动，这在一定程度上影响他们参加体育锻炼的积极性。对于丧偶居民而言，失去伴侣会对其心理健康带来较大冲击，悲伤情绪可能需要较长的时间来化解，这也会影响其参加体育锻炼的积极性。

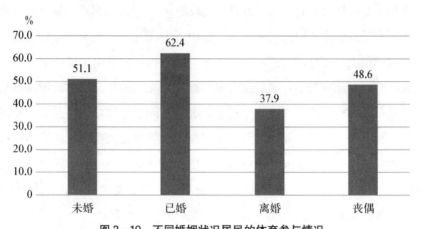

图2-10　不同婚姻状况居民的体育参与情况

（六）不同受教育程度居民的体育参与情况

2017年，在"村改居"社区20岁及以上居民中，整体上呈现出随受教育程度提高居民参加体育锻炼的人数百分比增加的趋势（如图2-11所示）。《2014年全民健身活动状况调查公报》的数据显示，在全国20岁及以上城乡居民中，受教育程度越高，参加体育锻炼的人数百分比越高（国家体育总局，2015）。另有研究显示：家庭成员的受教育程度越高，相对而言整个家庭的体育参与率也越高；而且在家庭体育锻炼行为的代际互动中，受教育程度越高，父母与子女间体育锻炼行为的互动性越强，比如在高学历家庭中父母经常参加体育锻炼，子女不参加锻炼的比例为33%，而在低学历家庭中，该比例为75%（王富百慧 等，2016）。杨麒（2009）的研究也显示，居民受教育程度与体育消费支出成正相关关系，受教育程度越高，其体育消费支出越高。

出现这一趋势的原因可能包括：一是受教育程度越高的居民，其对自身健康的关注度越高，对国家健康政策以及全民健身政策宣传信息的吸纳度与接受度也越高，就越倾向于通过参加体育锻炼来增进个体或家庭的健康；二是受教育程度高的居民，在闲暇时间的支配上，除用于提升自身职业能力外，会把体

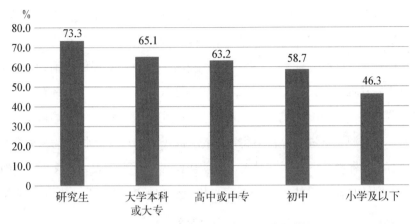

图 2-11 不同受教育程度居民的体育参与情况

育参与放在比较重要的位置,而受教育程度低的居民,会把闲暇时间较多地投入家务劳动中;三是受教育程度越高的居民,其求学时间也相对越长,而学校无论在体育参与氛围还是在体育参与的场地设施上,抑或是在体育活动组织、体育锻炼指导上,都有助于受教育者养成体育参与的习惯,这种习惯也容易延续至受教育者走向社会后继续参加体育锻炼,而受教育程度越低的居民,越早地离开学校,他们的体育参与习惯的养成也可能会越早地中断(王崇喜 等,2004)。

(七)不同收入水平居民的体育参与情况

2017年,在"村改居"社区20岁及以上居民中,整体上呈现出伴随收入水平提高居民参加体育锻炼的人数百分比增加的趋势(如图2-12所示)。

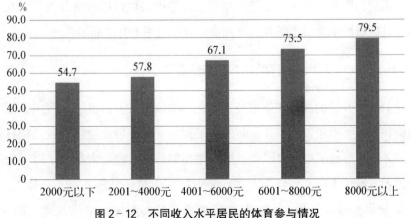

图 2-12 不同收入水平居民的体育参与情况

有研究基于2011年我国健康与营养调查数据就收入与居民体育参与情况进行的分析发现，居民参加体育锻炼的比例随着收入增加而呈上升趋势（部义峰等，2015）。张健（2013）结合《中国统计年鉴》数据与居民体育消费调查数据进行分析后发现，居民的工资收入以及转移性收入对其体育消费具有显著正向影响。贾文伟等（2014）通过对上海、重庆、山东等十省市的人均可支配收入与休闲体育资源数据进行分析后得出结论：居民人均可支配收入与家庭平均每百户拥有健身器材数的关联度最大，说明居民人均可支配收入较多时，会倾向于购买家庭健身器材，使得居民家庭平均每百户拥有健身器材数增多（宋建，2019）[13]。

关于收入与体育参与或体育消费之间的关系，经济学领域可以用来解释的理论主要有三种。第一种是凯恩斯提出的绝对收入假说，其主要观点是认为边际消费倾向随收入增加而递减，故富人的消费倾向高，穷人的消费倾向低（宋建，2019）[13]。第二种是杜森贝里提出的相对收入假说，其主要观点是认为消费并不取决于绝对收入，而是取决于相对收入，比如当某个体的绝对收入不变时，一定区域或全国的收入提高了，对个体消费会产生负面影响（宋建，2019）[14]。第三种是"倒U"形假说，其主要观点是认为消费倾向与收入之间的相互关系并非线性的，而是受到职业、受教育程度等多种因素的影响，呈现出"倒U"形的变化趋势，即认为中等收入人群具有最高的边际消费倾向（宋建，2019）[17]。事实上，不管是绝对收入假说，还是相对收入假说，抑或是"倒U"形假说，均揭示出了一个共同的规律，即收入与消费有着密切的关系，而且中高收入人群的消费倾向要比低收入人群高。体育参与达到一定程度，就会转变为体育消费。因此，收入与消费关系的三种假说，可以用来解释为什么在"村改居"社区居民中会出现随收入增加而体育参与率上升的原因。

（八）不同职业类型居民的体育参与情况

随着改革开放的深入实施以及工业化、城镇化进程的推进，我国整体的产业结构和职业类型相较改革开放前发生了深刻变化，导致阶层构成结构日益多元化，并逐步形成了目前以职业类型为主要划分标尺的十大阶层，即国家与社会管理者、经理人员、私营企业主、专业技术人员、办事人员、个体工商户、商业服务业人员、产业工人、农业劳动者以及无业失业半失业者（陆学艺，

2010)[387]。这十大阶层又可根据其所拥有的组织资源(依据国家政权组织和党组织所拥有的支配社会资源的能力)、经济资源(生产资料的所有权、使用权与经营权)和文化资源(拥有社会所认可的知识与技术的能力)的差异划分为三个社会阶层等级,即社会上层、中间阶层①与底层。其中,社会上层主要包括前四个阶层中的高层领导干部、大企业经理、高级专业技术人员以及大私营企业主;底层主要包括处于贫穷状态且缺乏社会保障的产业工人、农民以及无业失业半失业者;其他属于中间阶层(陆学艺,2002)[9]。

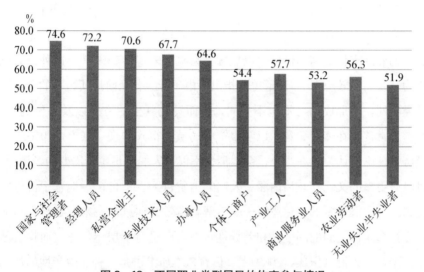

图 2-13 不同职业类型居民的体育参与情况

如图 2-13 所示,2017 年,在"村改居"社区 20 岁及以上居民中,参加体育锻炼的人数百分比排在前四位的职业类型依次为国家与社会管理者、经理人员、私营企业主、专业技术人员;排在后四位的职业类型依次为农业劳动者、个体工商户、商业服务业人员以及无业失业半失业者,整体呈现出随阶层位次升高居民参加体育锻炼的人数百分比上升的趋势。《2014 年全民健身活动状况调查公报》的数据也显示,全国 20 岁及以上城乡居民整体上呈现出随阶层位次升高,居民经常参加体育锻炼的人数百分比上升的趋势(国家体育总局,

---

① 社会中间层可进一步划分为中上层、中中层与中下层。其中,中上层主要包括前四个阶层中的中低层领导干部、大企业中层管理者、中小企业经理、中级专业技术人员以及中等私营企业主;中中层主要包括初级专业技术人员、小企业主、办事人员以及个体工商户;中下层主要包括个体劳动者、一般商业服务业人员、工人、农民。

2015)。另有研究显示，家庭成员的职业层次越高，整个家庭的体育参与率也越高。比如，在国家机关与企事业单位负责人、专业技术人员等职业层次较高的家庭中，体育参与率相对较高；而在以办事人员、商业服务业人员、生产运输设备操作人员等轻体力劳动者为主要成员的家庭中，体育参与率则相对较低（王富百慧 等，2016）。田虹 等（2014）对全国10个城市的调查也发现，社会上层、中上层和中层的体育消费意愿和行为均高于平均水平，而底层和中下层的体育消费意愿、行为则均低于平均水平。

  关于阶层与体育参与或体育消费之间的关系，凡勃伦在《有闲阶级论》中指出，富裕阶层往往会通过炫耀性消费彰显其社会地位，因而消费者愿意对功能相同的商品支付更高的价格，以炫耀其财富（宋建，2019)[25]。这种行为也常被称为"凡勃伦效应"。布迪厄也曾指出，由于社会各个阶层所占有的资本数量与种类不同，所形成的习惯也不相同，进而导致其生活方式以及品位的差异，这种差异常常会在体育、音乐以及服饰等场域中得到体现（张宏，2010)[13]。消费经济学理论也认为，在当今社会，消费不仅是人们满足生理需要的经济行为，而且具有更多的文化和政治内涵。人们的消费行为也不再单一地基于价格决定的逻辑，还遵循一定的文化逻辑……消费者常常会通过消费来彰显自己与他人或特定社会人群之间的同一性和差异性，对自己进行阶层定位，进而将自己归属于某个社会人群（伍庆，2009)[113]。体育从本质上讲是一种非生产性的休闲文化，是促进人全面发展的有效手段。所以，从学理上讲，体育参与权应属于发展权的一种，体育消费也应隶属于发展性消费的范畴（马德浩 等，2015a）。根据消费经济学理论，发展性消费与生理性消费的根本区别在于其并非刚性消费，其所运作的逻辑更多地遵循文化逻辑（稀缺性①与象征性②），更多地受到职业、受教育程度以及收入水平的影响（宋建，2019)[28-30]。事实上，职业、受教育程度与收入都是综合评定一个人阶层地位的指标，三者也存在较强的决定关系，通常表现为受教育程度决定职业类型，而职业类型很大程度上决定收入（马德浩，2018b）。从图2-11以及图2-12中可以看出，受教育程度越高、收入水

---

① 体育文化资本的稀缺性表现为两个层面：一是社会层面，即体育文化资源的稀缺，目前体育场所、体育产品等在社会生活中仍是稀缺资源；二是个体层面，个体体育文化资本获得是其长期努力的结果，且这种资本会因缺少必要的练习以及身体衰老等原因而减少。
② 体育文化资本的象征性体现为阶层文化样式的认同，其文化意义的影响涉及政治、经济与教育等方面，即体育文化不再仅是一种娱乐和消遣，而是变成了一种文化范式和符号象征。

平越高，居民的体育参与率也就越高。这其实很好地解释了为何职业类型的阶层位次越高，居民的体育参与率也就越高的问题。

三、居民体育参与的场地、形式与项目选择情况

（一）居民体育参与的场地选择情况

2017年，在"村改居"社区20岁及以上居民体育参与的场地选择上，选择率排名前五位的依次为公共体育场，广场或场院的空地，住宅社区的空地，健身路径、单位或社区的体育场所（如图2-14所示）。

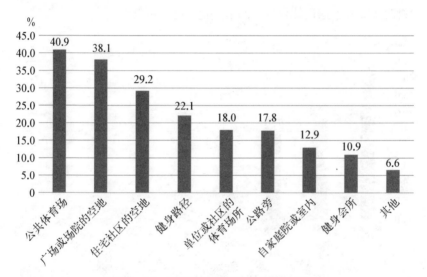

图2-14 居民体育参与的场地选择情况

《2014年全民健身活动状况调查公报》的数据显示，在全国20岁及以上城乡居民体育参与的场地选择上，选择率排名前五位的依次为公共体育场、健身路径、广场或场院的空地、自家庭院或室内、单位或社区的体育场所（国家体育总局，2015）。可见，"村改居"社区居民与全国城乡居民在体育参与的场地选择上基本相似，大部分集中在免费的公共体育场地，选择花钱去健身会所进行体育锻炼的人数百分比均很低。

（二）居民体育参与的形式选择情况

2017年，在"村改居"社区20岁及以上居民体育参与形式的选择上，选

择率排名前五位的依次为个人锻炼、与朋友或同事一起锻炼、与家人一起锻炼、参加社区组织的体育活动、参加单位组织的体育活动（如图2-15所示），这与《2014年全民健身活动状况调查公报》中关于全国20岁及以上城乡居民体育参与形式的选择情况基本一致，大多以个人锻炼或与家人、朋友、同事一起锻炼为主，参加社区、单位、体育社团组织的体育活动的人数百分比均较低。这也提示我国在未来的全民健身工作中要进一步加强社区、单位、体育社团在促进居民体育参与上的作用发挥，为居民更充分地进行体育参与提供组织保障。事实上，"村改居"社区居民参加社区、单位、体育社团组织的体育活动的人数百分比仅为4.1%；而全国城乡居民的该比例为14.2%，说明与全国城乡居民相比，"村改居"社区居民体育参与的组织化程度要更低。

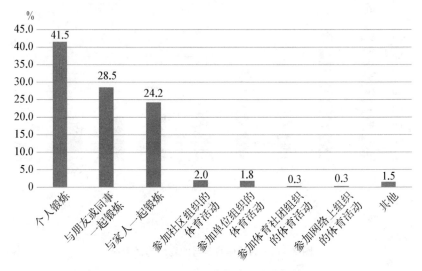

图2-15 居民体育参与的形式选择情况

（三）居民体育参与的项目选择情况

2017年，排在"村改居"社区20岁及以上居民参与率前五位的运动项目依次为健身走、跑步、广场舞、小球项目（乒乓球、羽毛球或网球等）、骑自行车（如图2-16所示）。

《2014年全民健身活动状况调查公报》的数据显示，排在全国20岁及以上城乡居民参与率前五位的运动项目依次为健身走、跑步、小球类（乒乓球、羽毛球或网球等）、广场舞、大球类（足球、篮球或排球等）（国家体育总局，

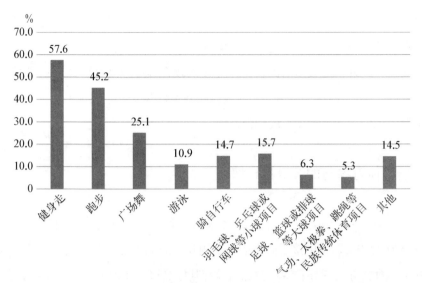

图 2-16 居民体育参与的项目选择情况

2015)。可见,"村改居"社区居民经常参加的运动项目与全国城乡居民经常参加的运动项目基本相同,大部分集中在健身走、跑步、广场舞等所需运动场地规格要求不高、运动技术门槛相对较低的运动项目类型上。刘东锋(2016)对发达国家居民经常参加的运动项目进行了梳理:英国居民参与率较高的运动项目依次为健身走、游泳、健身房健身、跑步、足球、自行车、高尔夫球、羽毛球;澳大利亚居民参与率较高的运动项目依次为健身走、健身房健身、游泳、自行车、跑步、高尔夫球、网球、足球;美国居民参与率较高的运动项目依次为健身走、健身房健身、跑步、钓鱼、自行车、台球、篮球、保龄球;日本居民参与率较高的运动项目依次为散步、健身走、体操、保龄球、力量训练、跑步、高尔夫球、钓鱼。从整体上讲,与发达国家居民经常参加游泳、高尔夫球、保龄球以及健身房健身等运动场地规格要求以及运动技术门槛相对较高的运动项目相比,不管是"村改居"社区居民还是全国城乡居民,在所参加运动项目的选择上均存在一定差距,这也提示我国在未来的全民健身工作中要进一步加大对运动项目文化的宣传与普及,同时要强化对居民运动技术的科学指导。

此外,在经常参加的运动项目上,"村改居"社区居民与全国城乡居民也存在一定的差异,比如大球项目排在全国城乡居民经常参加的运动项目的第五位,但排在"村改居"社区居民经常参与的运动项目的第八位。导致这种差异的原因可能是,与全国城乡居民尤其是城镇居民相比,受经济水平以及地方政府对居民体育参与重视程度等因素影响,"村改居"社区内或附近的足球场、篮球场和排球场相对较少,一定程度上限制了"村改居"社区居民参加大球项目的积极性。此外,与城镇居民相比,受文化教育程度以及社区体育指导员紧缺等因素影响,"村改居"社区居民对大球项目运动技术的掌握水平相对偏低,这也限制了他们参加大球项目的积极性。

四、居民体育参与的健身指导情况

2017年,在"村改居"社区20岁及以上居民中,接受过健身指导的人数百分比为42.9%,其中接受同事或朋友相互指导的人数百分比最高,其他依次为社会体育指导员指导、专业教练指导和其他受过专业训练的人指导(如图2-17所示)。

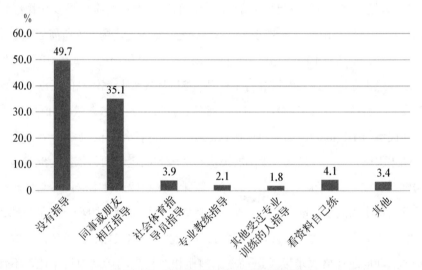

图2-17 居民体育参与的健身指导情况

《2014年全民健身活动状况调查公报》的数据显示,在全国20岁及以上城乡居民中,接受过健身指导的人数百分比为48%,其中接受朋友或同事相互指导的人数百分比最高,其他依次为专业教练指导、社会体育指导员指导和其他受过专业训练的人指导(国家体育总局,2015)。以上两组数据显示:"村改居"社区居民在接受健身指导的人数百分比上低于全国城乡居民的平均水平;然而不管是"村改居"社区居民还是全国城乡居民,接受健身指导的人数百分比均不到50%。而且在健身指导上也以朋友或同事相互指导为主，接受社会体育指导员指导的人数百分比均很低，这提示我国在未来的全民健身工作中要进一步加强社会体育指导员队伍建设，提高居民体育参与的健身指导率，进而使其能够更科学地进行体育锻炼。

五、居民体育消费倾向选择情况

2017年，在"村改居"社区20岁及以上居民中，购买运动服装排在其体育消费倾向的首位，支付锻炼场租和聘请教练排在末位（如图2-18所示）。

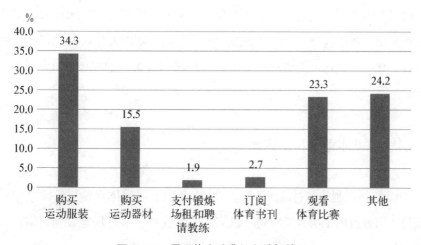

图2-18 居民体育消费倾向选择情况

《2014年全民健身活动状况调查公报》的数据显示，在全国20岁及以上城乡居民中，购买运动服装排在其体育消费的首位，其次是购买运动器材，支付锻炼场租和聘请教练排在倒数第二位，观看比赛为最后一位（国家体育总局，2015）。从整体上看，"村改居"社区居民与全国城乡居民的体育消费倾向基本相同，大部分集中在购买运动服装、运动器材等实物型体育消费上，体育服务消费（主要包括参与型体育消费和观赏型体育消费）的占比相对较低。这一趋势也与我国整体的体育产业结构相契合。《2017年全国体育产业总规模与增加值数据公告》显示，在我国体育产业总产出结构中，体育用品及相关产品制造业占比为61.4%，而体育服务业（除体育用品和相关产品制造、体育场地设施建设外的9大类）占比为36.5%（国家统计局 等，2019）。如果除去体育用品及相关产品销售、代理与出租业的占比，体育服务业的占比仅为17%。

然而，研究显示，英国居民在运动装备上的消费仅占其体育总消费的27%，体育服务消费占比在60%以上；澳大利亚居民体育服务消费占其体育总消费的比例也在50%以上（刘国永 等，2014）[281]。相应地，反映在发达国家的体育产业结构上，它们也是以体育服务业为主体。比如，美国体育服务业占其体育产业总产值的比例为82.23%，英国为86.98%，法国为79.43%，德国为69.79%，澳大利亚为69.93%，韩国为62.55%（刘国永 等，2014）[275]。可见，与发达国家相比，不管是"村改居"社区居民还是全国城乡居民，其体育消费结构尚需进一步转型升级。这也提示我国在未来的全民健身工作中要进一步引导居民参与体育服务消费。因为从国际经验来看，选择参与型体育消费能够让居民得到更专业的健身指导，选择观赏型体育消费则能够让居民更好地了解运动项目文化。而这两种消费均有助于激发居民体育参与的积极性（马德浩 等，2015a）。

六、制约居民体育参与的因素

2017年，在制约"村改居"社区20岁及以上居民体育参与的因素中，排在选择率前五位的依次为没时间、没兴趣、怕受伤、缺乏场地设施、惰性（如图2-19所示）。

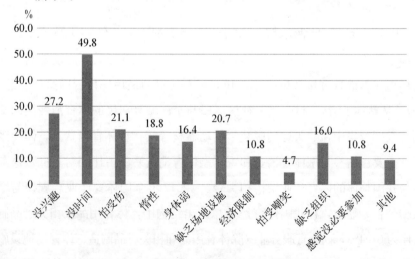

图2-19 制约居民体育参与的因素选择情况

《2014年全民健身活动状况调查公报》的数据显示，在制约全国20岁及以上城乡居民体育参与的因素中，排在选择率前五位的依次为没时间、没兴趣、缺乏场地设施、惰性、身体弱（国家体育总局，2015）。从整体上看，制约"村改居"社区居民与全国城乡居民体育参与的因素排序基本相同。其中，"没时间"这一因素可能与我国城乡居民的职业类型分布、工作时间要求以及家庭角色分工有关，对于这一因素，可能需要国家宏观层面的整体干预。"没兴趣""惰性"这两个因素可能更多地跟居民的健康意识与体育认知有关，这也提示在未来的全民健身工作中要进一步加大舆论宣传，提升居民的健康意识以及体育认知水平。"缺乏场地设施"这一因素在前文已有论及，这也进一步说明了加大体育场地设施建设力度对于提升居民体育参与率的必要性。此外，在制约"村改居"社区居民体育参与的因素上，"怕受伤"排在了第三位，而在制约全国城乡居民体育参与的因素中则排在第十位。之所以担心在体育参与中受伤，可能与安全运动知识相对匮乏以及缺少健身指导有关。

第二节 居民对公共体育服务的满意度评价及需求

一、居民对公共体育服务的满意度评价

2017年，"村改居"社区20岁及以上居民对所在社区的公共体育服务给予积极性评价（即选择"很满意"与"满意"两种评价）的人数百分比为54.3%，给予"一般""不满意""很不满意"评价的人数百分比为45.7%，整体的满意度一般（如图2-20所示）。另根据《〈全民健身计划（2011—2015年）〉实施效果公众满意度调查报告》，我国城乡居民对公共体育服务满意度的评价指数得分为68.7分（分值区间为0~100分，100分为绝对满意，60分为中性值，0分为绝对不满意），满意度也一般（刘国永 等，2014）[51]。可见，不管是"村改居"社区居民还是全国城乡居民，对目前的公共体育服务整体评价均不理想。这也从侧面反映出不管是"村改居"社区还是普通城镇社区或农村，其现行公共体育服务治理模式仍需进一步优化与完善，以更好地满足居民的公共体育服务需要。

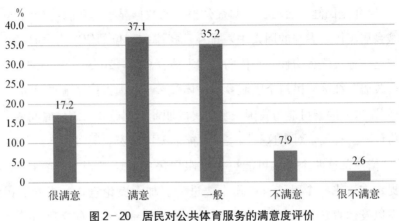

图 2-20 居民对公共体育服务的满意度评价

二、居民对公共体育服务相关指标的满意度评价

在对"村改居"社区居民公共体育服务满意度进行调查的基础上，本研究还对与公共体育服务相关的主要指标做了进一步调查分析。如表 2-1 所示，在所调查的四个指标中，"村改居"社区 20 岁及以上居民给予积极性评价（即选择"很满意"与"满意"两种评价）比例最高的是全民健身政策与知识宣传（60.7%），其他依次为体育场地设施（53.1%）、体育健身类社团发展（52.1%）以及体育健身类活动开展（50.7%）。其中，"村改居"社区居民对体育场地设施、体育健身类社团发展以及体育健身类活动开展三个指标的积极性评价比例低于对公共体育服务的积极性评价比例。在四个指标中，"村改居"社区居民给予消极性评价（即选择"不满意"与"很不满意"两种评价）比例最高的是体育场地设施（12.6%），其他依次为体育健身类活动开展（10.4%）、体育健身类社团发展（10.3%）以及全民健身政策与知识宣传（8.9%）。这也提示在未来的"村改居"社区公共体育服务治理中要重视体育场地设施、体育健身类活动开展以及体育健身类社团发展三个指标的提质增效。

表 2-1 居民对公共体育服务相关指标的满意度评价 （%）

	全民健身政策与知识宣传	体育场地设施	体育健身类社团发展	体育健身类活动开展
很满意	16.2	14.2	17.3	17.9
满意	44.5	38.9	34.8	32.8

续 表

	全民健身政策与知识宣传	体育场地设施	体育健身类社团发展	体育健身类活动开展
一般	30.4	34.3	37.6	38.9
不满意	8.3	10.7	8.0	8.1
很不满意	0.6	1.9	2.3	2.3

需要说明的是，由于本研究没有对体育场地设施、体育健身类社团发展及体育健身类活动开展三个指标做进一步的子指标分解，为了让"村改居"社区公共体育服务治理在以上三个指标方面做到针对性施策，可以参考《〈全民健身计划（2011—2015 年）〉实施效果公众满意度调查报告》的结果。其调查显示：在有关体育场地设施的满意度评价上，场地管理水平满意度指数得分（66分）、设施维修状况满意度指数得分（67.4 分）、设施满足需求情况满意度指数得分（67.6 分）三个子指标低于体育场地设施满意度指数得分的平均值（70分）；在有关体育组织的满意度评价上，组织专业化满意度指数得分（67.2分）、组织管理水平满意度指数得分（68.4 分）、组织规范化满意度指数得分（69.6 分）三个子指标低于体育组织满意度指数得分的平均值（69.8 分）；在有关体育活动的满意度评价上，活动数量满意度指数得分（62.4 分）、活动种类满意度指数得分（63.8 分）、活动吸引力满意度指数得分（63.8 分）三个子指标低于体育活动满意度指数得分的平均值（69.8 分）（刘国永 等，2014）[51-52]。这也提示"村改居"社区可能需要重点围绕以上九个子指标来加强体育场地设施建设、体育健身类社团发展以及体育健身类活动开展的治理。

三、居民对公共体育服务的需求

在有关"村改居"社区 20 岁及以上居民对公共体育服务的需求调查中，排在选择率前五位的依次为"组织开展更丰富多元的体育活动""优化治安、交通、绿化环境""增建与改善体育场地设施""加强全民健身政策与知识宣传""培育发展更多的体育社团组织"（如图 2－21 所示）。其中，"组织开展更丰富多元的体育活动"排在首位，一方面反映出"村改居"社区居民对体育活动的迫切需要；另一方面也反映出"村改居"社区目前在组织体育活动方面还存在较大的不足。这在"村改居"社区居民对公共体育服务相关指标满意度的调查中也得到了体现：居民对体育健身类活动开展给予积极性评价的比例在所调查的四个指标中位于末位。"增建与改善体育场地设施"也是"村改居"社区居民所迫切需要的，居民对体育场地设施给予消极性评价的比例在所调查的公共体育服务四个指标中位于首位。

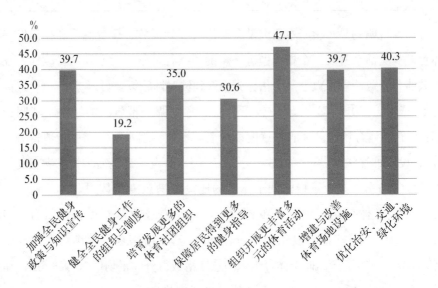

图 2-21　居民对社区更好地促进其体育参与的建议

此外，"村改居"社区居民对"加强全民健身政策与知识宣传"以及"培育发展更多的体育社团组织"的需求，也可以在公共体育服务相关指标满意度的调查中得到体现。需要关注的是，"优化治安、交通、绿化环境"排在了"村改居"社区居民需求的第二位。这一方面反映出良好的治安、交通、绿化环境对更好地促进"村改居"社区居民体育参与的重要性；另一方面也反映出"村改居"社区目前在治安、交通、绿化环境建设方面还存在较大的不足。另外需要关注的是，"村改居"社区居民选择"健全全民健身工作的组织与制度"这项需求的人数百分比相对较低。导致这一情况的原因可能是"村改居"社区居民之前大多是农民，长期生活在乡土社会秩序内；而乡土社会秩序与市民社会秩序有着较大的差异。

著名社会学家费孝通（2012）[81-84] 曾指出，乡土社会是礼治社会，礼是社会公认的行为规范，礼和法的不同之处在于维持礼的是一种传统或文化，而维持法的是国家权力机构。所以，他用"无讼"两字来概括乡土社会的特点。贺雪峰（2013）[11-13]也指出，在市民社会中，人与人之间的关系更多地是基于利益与契约所建立，而在乡土社会中，人与人之间的关系更多地是基于信任、友谊、亲情与习惯所建立的。当市民之间出现纠纷或问题时，他们首先想到的是依靠法律或制度的力量；而当农民之间出现纠纷或问题时，他们首先想到的是找德高望重的人进行评理与调解。所以，导致"村改居"社区居民对全民健身工作的组织与制度建设关注度相对较低的原因，可能与他们深受乡土文化的影响有关。此外，我国传统的乡土文化还有一大特点——"私"，即费孝通先生所指出的"以己为中心"。它又衍生出功利性的取向，即更关注眼前所能获得的直接利益，而对一些更长远的制度建设关注不够（费孝通，2012）[41-47]。这其实也可以用来解释为何"村改居"社区居民更关注体育活动组织、体育场地设施，以及治安、交通、绿化环境等与其体育参与更直接相关且短期内可以切身获得的指标建设，而对全民健身工作的组织与制度建设这类短时间内难以实现的指标则关注相对不足。

第三章 公共体育服务现行治理模式及问题

治理模式是指政府、社会组织、市场组织以及居民等治理主体,在治理理念的导向下,基于具体的制度环境等因素,通过一定的治理机制,对相关利益问题、公民诉求等进行治理的特定形式(汪伟全,2012)。治理模式主要包括治理理念、治理主体、治理结构以及治理机制等要素。根据治理理论,治理模式的优劣决定着治理成效的质量以及公共利益的实现程度(俞可平,2015)[240-241]。从第二章对"村改居"社区居民体育参与及公共体育服务满意度现状的调查分析可以看出,虽然"村改居"社区在行政意义上已经转变为城镇社区,"村改居"社区居民也大多在身份上完成了由农民向市民的转变,但是"村改居"社区居民经常参与体育锻炼的人数百分比却低于城镇居民的平均水平,而且"村改居"社区居民对公共体育服务及相关指标的满意度也不甚理想,这也反映出"村改居"社区公共体育服务的治理成效仍存在较大的提升空间,其现行治理模式需要进一步优化与完善。本章将着重对"村改居"社区公共体育服务现行治理模式及其存在的主要问题进行分析。

第一节 公共体育服务现行治理理念及问题

一、价值定位上呈现单一化的倾向

正如在绪论部分所论述的,对于"村改居"社区而言,加强其公共体育服务治理,为居民提供高质量的公共体育服务具有多元的价值。一是提升居民身体健康水平。从"村改居"社区居民对身体健康状况的评价来看,其对身体健康状况持积极性评价(即选择"很好"与"较好"两种评价)的人数百分比仅为 62.6%，整体的健康状况不容乐观。在这种背景下，加强"村改居"社区公共体育服务治理，提高"村改居"社区居民的体育参与率，对于其养成健康的生活方式，预防慢性病与变性病的发生（马德浩 等，2014b），促进其更健康地在城镇生活有着重要的现实意义，这也是落实"健康中国"战略的内在要求。二是提高居民的文化适应能力。从"村改居"社区居民对体育与城镇文化关系的认知调查来看，有 69.6% 的居民选择"更喜欢城镇生活方式"，有 91.8% 的居民认为参加体育锻炼是城镇文化的一种体现。在这种背景下，加强"村改居"社区公共体育服务治理，对于"村改居"社区居民更好地接纳与适应城镇文化，提高其文化适应能力，形成乐观向上的人生态度有着积极的意义，这也是践行"以人为本"的新型城镇化的现实要求。三是增强居民社区归属感，从不同户籍"村改居"社区居民的体育参与情况来看，非农业户籍居民整体的体育参与率高于农业户籍居民，反映出原村民在"村改居"后，其不仅完成了户籍性质的转变，在文化适应上也出现了向城镇文化转变的趋势，积极参加体育锻炼便是这种文化适应的真实写照。这种文化适应的积极转变有助于增强居民对社区的认同感、归属感；而且在体育参与中也有助于强化居民间的交往频度和深度，提升居民的社会资本，为社区共同体的形成打下良好的基础。

对于"村改居"社区干部而言，他们对公共体育服务多元价值的认知情况在很大程度上决定着其进行公共体育服务治理的积极性，进而影响到公共体育服务治理的成效。然而，从本研究对 7 个实地调研"村改居"社区主要负责人的访谈情况看，大多数社区主要负责人对公共体育服务的价值定位较单一，多强调公共体育服务对居民身体健康方面的促进作用，相对地忽视了公共体育服务在提升居民文化适应能力以及增强居民社区归属感方面的价值。比如，在问及"您认为社区为居民提供公共体育服务有哪些方面的价值"时，部分"村改居"社区主要负责人的回答如下：

> 主要是让老百姓锻炼锻炼，不是有句老话说"饭后走一走，活到九十九"吗？搬到楼上来后，不可能像以前那样往田里跑了，只能通过安装一些健身器材让他们锻炼锻炼。当然，很多人是去社区附近的湖边步道上锻炼。(LQ，安徽省合肥市 T 社区党委书记、居委会主任)

> 主要是通过体育锻炼让老百姓少得病，现在的老百姓，尤其是50岁以上的人得高血压、高血脂、高血糖的比较多。这些病都是富贵病，其实就是闲出来的。以前哪里有这些病啊，天天都是下地干活。(WRH，山东省枣庄市S社区党委书记)

> 主要是两方面考虑：一方面是让老百姓锻炼一下身体；另一方面也可以让老百姓聚在一起聊聊天。尤其是上了年纪的这些人，以前农闲的时候，都聚在村委会大院里聊天。现在大院没有了，居委会就这么大一点地方，所以，我们就在社区广场那边弄了块空地，政府也帮助安了些健身器材，老百姓可以在那里聊天、健身。不过，年轻人来广场健身的要少一些。(XK，陕西省西安市N社区党委书记、居委会主任)

"村改居"社区主要负责人对公共体育服务价值定位的单一化倾向，容易导致其对公共体育服务重要性的认识相对不足，反映在治理实践中，就是往往将为居民提供公共体育服务放在较次要的位置，更多地是配合上级部门完成"规定动作"的活动组织与参与，对如何通过组织完善与制度建设来提高公共体育服务质量等更为长久发展的问题考虑相对不足。这在本研究的实地调研中也得到了体现。比如，在问及"社区对为居民提供公共体育服务的重视程度如何"时，部分"村改居"社区主要负责人的回答如下：

> 说实话，现在社区的主要任务更多地是抓稳定，在流动人口治理方面投入了很多精力。所以，很难在为老百姓提供健身条件这方面上投入很多精力。(YZJ，上海市青浦区H社区居委会主任)

> 在为居民提供公共服务这一块，确实有很多限制条件，最典型的就是经费比较少。缺少经费就难以组织健身活动，不能老是指望社区里的经费，这方面的钱还是很少的。(XK，陕西省西安市N社区党委书记、居委会主任)

我们社区就这么几个人,每天要应对上级的各种检查,填写很多表格,很难抽出人手去多组织一些健身活动。更多地是配合上一级政府部门完成街道那边统一组织的健身活动。上面组织,我们再派队伍参加,基本上是这样。(ZYS,山西省太原市 J 社区党委书记、居委会主任)

从访谈中可以看出,"村改居"社区负责人在社区公共体育服务治理上投入的精力相对有限,重视程度也普遍不高。这一方面与他们对公共体育服务价值定位的单一化倾向有关;另一方面也与整个"村改居"社区面临的大环境有关。比如,在我国垂直型的行政管理体制中,社区虽是自治型的基层组织,但很多政府的具体行政事务却下沉到社区来执行,导致社区面临着较为繁杂的行政事务(屈群苹,2018)[162]。所谓"上面千条线,下面一根针",正是对目前社区所处状况的形象比喻。另外,"村改居"社区大部分地处城市边缘地带,因其交通相对便利、房屋租赁价格相对便宜,吸引了大量的流动人口,这也使得"村改居"社区居委会在维护社区稳定方面可能需要投入比普通城镇社区更多的精力,进而相对地限制了其投入公共体育服务治理上的精力;而且,相较于普通城镇社区,"村改居"社区居民的养老与医疗保障也较不健全。此外,"村改居"社区居民进入城镇后,大多从事收入较低的职业,一些中老年人甚至依靠"低保"来维持基本生活,这也需要居委会把部分经费投入到帮扶困难居民上,进而相对地压缩了可用于公共体育服务治理上的经费投入。同时,由于我国目前对社区干部数量的控制较为严格,而"村改居"社区受其日常运行经费普遍较少的限制,很难像一些经费较充足的普通城镇社区那样聘请专职或兼职人员来辅助处理社区事务,人力资源上的短缺也较大地限制了"村改居"社区居委会在公共体育服务治理上的积极性。

二、治理取向上呈现以物为本的特征

"村改居"社区公共体育服务现行治理理念的另一个特征就是以物为本的治理取向。反映在治理实践上,就是往往把社区公共体育服务治理简单地理解成为居民提供一些体育场地设施、体育健身活动和体育健身指导,而对居民到底需要什么样的体育场地设施、体育健身活动和体育健身指导,不同年龄、性别、收入以及受教育程度居民的公共体育需要有何差异,如何通过公共体育服务治理提升居民的获得感、幸福感以及社区归属感等问题考虑相对不足。比如，在问及"您对更好地开展社区公共体育服务治理有何设想"时，部分"村改居"社区主要负责人的回答如下：

> 从两方面入手：一是为现在的社区健身广场新添置一些健身器材，让老百姓更方便健身；二是向上级多争取经费，给那些牵头带领老百姓锻炼的人一定的补贴，激发他们的积极性。（LQL，重庆市南川区D社区党委书记）

> 目前主要是多挖掘一些体育能手，社区会给予一定的经费，让他们多组织老百姓进行体育锻炼。此外，就是利用社区周边环境，开展重阳节登山、元宵节舞狮等节庆活动。（LQ，安徽省合肥市T社区党委书记、居委会主任）

> 我们社区现在有市里面老年大学的社区分校以及四点半课堂组织的一些健身指导班。目前开展了一些健身指导课程，但数量不是很多，主要是因为经费有限。未来想在这方面多做些工作，多邀请一些老师来授课。（XK，陕西省西安市N社区党委书记、居委会主任）

从访谈中可以看出，"村改居"社区负责人在社区公共体育服务治理上多强调体育经费投入、体育场地设施建设、体育健身活动组织和体育健身指导等人财物方面的因素，仍停留在以物为本的治理取向层面，在满足居民多元化公共体育服务需要方面尚未给予重视，这与党中央强调以人为本，"完善公共服务体系，保障群众基本生活，不断满足人民日益增长的美好生活需要"（习近平，2017），提升人民群众获得感、幸福感的发展导向仍有一定的差距。事实上，这也很大程度上导致了"村改居"社区居民对目前公共体育服务满意度不理想的现状。比如，在体育场地设施方面，虽然"村改居"社区负责人对此较为重视，本研究实地调研的社区也大都在社区广场或其他空地安置了一定数量的健身器材，但从第二章的调查结果来看，"村改居"社区居民在公共体育服务相关指标中，给予消极性评价比例最高的却是体育场地设施。而且，居民选择在公共体育场、广场或场院的空地、住宅社区的空地进行体育锻炼的人数百分比相对较高，选择在健身路径进行体育锻炼的人数百分比相对较少。这一方面可能反映出目前社区的体育场地设施数量相对不足，但更有可能是因为社区的体育场地设施与居民实际的需要存在偏差，即供非所需。本研究在实地调研中，发现了很多体育场地设施被闲置或废弃的情况，有的体育场地设施甚至成为居民停放车辆或晾晒衣物的场所（如图3-1所示）。

图3-1 "村改居"社区体育场地设施老旧、闲置情况①

---

① 以上四幅图片按顺时针顺序分别拍摄于所调研的陕西省西安市N社区、浙江省嘉兴市L社区、上海市青浦区H社区以及山西省太原市J社区。其中，有的体育场地设施被当成了停车场，有的体育场地设施被当成了晒衣架，有的体育场地设施被安放在社区较偏僻的角落，有的体育场地设施虽较新却难以吸引来此进行锻炼的人群。从这些图片中也可以看出"村改居"社区体育场地设施存在老化、闲置以及供非所需等问题。

第二节 公共体育服务现行治理主体及问题

目前，参与"村改居"社区公共体育服务治理的主体主要包括社区党组织、居委会、服务站、公益性服务机构、体育社会组织、原村集体经济组织、物业公司，以及业主委员会等。从整体上讲，在"村改居"社区目前的公共体育服务治理中，社区党组织和社区居委会扮演着主导性的角色。

一、职能定位存在偏差的党组织

广义上的社区党组织包括街道党组织、法定社区党组织和居民小区（小组）党组织等；狭义上的社区党组织是指法定社区党组织，是中国共产党在居委会辖区设立的组织（杨贵华，2014b)[128-129]。在本研究中，对社区党组织的分析主要聚焦于法定社区党组织，因为它更直接地参与公共体育服务的治理。在中国共产党第十九次全国代表大会 2017 年审议通过的《中国共产党章程》中，明确指出"党的基层组织是党在社会基层组织中的战斗堡垒，是党的全部工作和战斗力的基础"（本书编写组，2017)[49]，"街道、乡、镇党的基层委员会和村、社区党组织，领导本地区的工作和基层社会治理，支持和保证行政组织、经济组织和群众自治组织充分行使职权"（本书编写组，2017)[51]。

"村改居"社区党组织正经历着从之前农村党组织向现在城镇社区党组织的职能定位转变，在转变过程中难免会出现一定的偏差，因为党中央对农村党组织和城镇社区党组织的职能定位存在较大的差异。比如，中共中央 2018 年印发的《中国共产党支部工作条例（试行）》第十条对农村党组织和城镇社区党组织的主要职能进行了定位："村党支部，全面领导隶属本村的各类组织和各项工作，围绕实施乡村振兴战略开展工作，组织带领农民群众发展集体经济，走共同富裕道路，领导村级治理，建设和谐美丽乡村。贫困村党支部应当动员和带领群众，全力打赢脱贫攻坚战。""社区党支部，全面领导隶属本社区的各类组织和各项工作，围绕巩固党在城市执政基础、增进群众福祉开展工作，领导基层社会治理，组织整合辖区资源，服务社区群众、维护和谐稳定、建设美好家园。"（中共中央，2018b）由此可以看出，党中央对农村党组织与城镇社区党组织在职能定位上存在的主要差异在于：农村党组织的一项重要职能，是领导和发展农村经济；而城镇社区党组织的主要职能是增进群众福祉，即强调它在社区内社会性、公益性、群众性工作中发挥领导作用，没有领导社区经济发展的职责。

为了使"村改居"过程能够较顺利地进行，同时也是基于原村党组织成员对身份转换的原村民更加了解，且对原村集体经济组织分红更具权威性的现实，在我国"村改居"实践中，很大一部分"村改居"社区党组织积极地吸纳了原村党组织或村委会的成员，并让其担任主要职务（吴莹，2018）[194-195]。本研究在实地调研中也发现了这种情况。比如，在问及"社区党支部（总支）成员中，有多大比例吸纳了原村党支部或村委会成员"时，部分"村改居"社区主要负责人的回答如下：

> 在"村改居"的过程中，主要涉及我们三个村。现在我们社区党支部成员中大部分也是这三个村以前的"两委"成员，比例估计能占到三分之二吧。（WRH，山东省枣庄市 S 社区党委书记）

> 我们社区的党支部成员除一位是上面街道委派下来的，其他都是原来村的党支部成员或村委会成员。上级之所以这样安排，可能主要是考虑工作好推进吧，因为"村改居"过程涉及的很多问题需要与之前的村民协商，如果是新来的委员做的话，可能比较难推进。（ZYS，山西省太原市 J 社区党委书记、居委会主任）

> 我们社区现在"两委"成员一共有七个，其中五个是原来村的"两委"成员，有两个是上面街道委派下来的。（LQL，重庆市南川区 D 社区党委书记）

如前文所论及的，与城镇社区党组织有所不同的是，农村党组织的一个主要职能是领导农村经济发展。农村党组织成员也在长期的治理实践中形成了重经济发展、轻公共服务建设的思维惯性（杨贵华，2014b）[139]。由于现在的"村改居"社区党组织成员大部分由原村党支部或村委会成员组成，所以在目前的

"村改居"社区治理实践中,他们也形成了重经济发展、轻公共服务建设的思维惯性。此外,与普通城镇社区不同的是,大部分"村改居"社区都有一定的集体资产,原村集体经济组织也相应地改组为股份制公司(吴莹,2018)[138]。如何让集体资产保值升值,如何让改组后的股份制公司营利创收,不仅关系到原村民的分红问题,也关系到现在"村改居"社区日常运行经费是否充足的问题。在这种大背景下,"村改居"社区党组织成员的工作重心,仍集中在原村集体经济组织的发展问题,相应地弱化了其对社区公共服务治理的主动性;然而,按照企业发展的规律,改组后的股份制公司应该对标现代化企业的治理结构,拥有独立的法人地位(陈晓军 等,2016)。但从相关的调查研究看,改组后的股份制公司的所有权和经营权基本没有分开,还是由原村"两委"成员直接管理集体资产,仍然沿用旧有的治理模式,行政干预色彩较浓,普遍缺乏竞争力(张克俊 等,2015)。所以,不管是从党中央对城镇社区的功能定位来看,还是从回应居民日益多元的公共服务需要来看,抑或是从原村集体经济组织的长远发展来看,"村改居"社区党组织均应在职能定位上,由原来的重经济发展向现在的重公共服务治理转变,以真正地完成由农村党组织向社区党组织的角色转变。这种转变对于"村改居"社区公共体育服务治理,也是非常必要和重要的。

二、行政化色彩浓厚的居委会

我国目前的行政管理体制,在实际运行中常态采用的是逐级代理制,即中央及各级政府将属地管理的事权(包括经济发展、社会治安、公共服务供给等)一揽子交付给下一级政府,而且将下一级政府官员的任命与考核委托给上一级部门(周雪光,2017)[30]。周黎安(2014)将此称为行政发包制,并进一步指出,在政府管理的不同领域,行政发包程度是有差异的。比如:国防、外交、铁路等主要由中央政府直接控制,其行政发包的成分很少,一些国家级的战略产业项目(如航空航天技术攻关、南水北调工程等)也主要以中央政府管理为主,行政发包成分较少;然而,像经济发展、社会治理以及教育、医疗、环境、文化、体育等公共服务则是属地层层发包管理的事务。行政发包制在实际运行中又可体现为压力型任务传导机制,即一级政府为了完成上一级政府下达的指标，将指标以数量化任务分解的方式，再次分配给下一级政府的运行机制。由于这些任务和指标中一些主要部分采取的是"一票否决制"的评价方式，所以各级政府实际上是在这种评价体系的压力下运行的（金太军 等，2016）。

此外，行政发包制的特征是属地层层发包，而在同一行政级别的属地主要官员之间又存在晋升竞争，也称为政治锦标赛（周黎安，2017）[162]。我国目前行政管理体制在纵向上由中央、省（市）、市（区）、区（县）及街道办事处（乡镇）五级政府组成。政治锦标赛既存在于同一行政级别但分属不同辖区的地方官员之间，也存在于同一政府部门内不同科室官员之间。改革开放以来，我国的政治锦标赛发生的最根本变化，就是考核标准的变化，即将经济发展作为地方官员的核心考核指标，而相应地淡化了过去难以量化评价的政治效忠等指标（周黎安，2017）[166]。此外，在对地方官员的实际考核中，对于一些重要的非经济发展指标（也称之为"约束性指标"），如社会稳定、环境保护、安全生产等，通常采取末位淘汰制、一票否决制或问责制，这种以底线控制为导向的考核方式，也被学者称为政治淘汰赛，旨在防止最坏的事件发生（周黎安，2017）[181]。在这种背景下，就形成了以经济发展为"硬指标"来奖励先进的政治锦标赛与以"约束性指标"来进行底线控制的政治淘汰赛共存的地方官员激励制度。然而，需要指出的是，不管是政治锦标赛还是政治淘汰赛，均以可观测、可量化的指标为依据，这些指标也是地方官员最为看重的；但对于介于"硬指标"和"约束性指标"之间的"软指标"，比如教育、医疗、社会保障、文化、体育等公共服务等，目前仍未找到合适的考核方式，所以容易出现资源配置扭曲和供给不足的情况。

可以说，纵向层面的行政发包制以及横向层面的政治锦标赛、政治淘汰赛，构成了我国行政管理体制运行的两个基本维度（周黎安，2014）。在这种运行框架下，处于科层制末端的街道办事处或乡镇，成为行政发包制层层发包后具体落实相关指标与任务的主体。尤其是在进入21世纪后，随着城镇化的快速推进，大量人口流入城市，致使城市不管是在"硬指标"和"约束性指标"上，还是在介于二者之间的"软指标"上，都承担着越来越大的指标压力。在这种背景下，城市管理重心下移成为现实选择，致使街道办事处或乡镇的指标与任务更加繁重。然而，街道办事处或乡镇官员在具体落实这些相关指标与任务时，往往基于政治锦标赛、政治淘汰赛的考核要求，功利性地对这些指标与任务进行选择性落实，即在经济发展上干劲十足，更有甚者通过虚报数据变相完成或赶超；在社会稳定、环境保护与安全生产等"约束性指标"上也高度重视，更有甚者通过遮掩事实含混过关；而对于教育、医疗、社会保障、文化、体育等公共服务之类的"软指标"则重视不足，更有甚者通过形象工程来应付上一级政府的检查。

事实上，街道办事处或乡镇在落实相关指标与任务时，又往往扮演着"二传手"的角色，基于政府的权威将很多指标与任务委派给社区居委会或村委会，于是社区居委会或村委会就成了"漏斗"的底端，嬗变成了承接各种指标与任务的"筐"（杨贵华，2014b)[89]。本属于政府部门的指标与任务，下放到社区居委会或村委会后，致使原是自治组织的社区居委会或村委会成为"准政府"组织，被抹上了浓厚的行政化色彩，相应地，社区居委会或村委会成员的行政化意识也得以强化。这一现实也存在于"村改居"社区中：一是"村改居"社区居委会在纳入城镇管理体制后，居委会成员的任职条件以及待遇往往是由街道办事处决定的，这也导致居委会成员唯街道办事处的要求马首是瞻；二是原村委会的办公经费很大一部分是由村集体经济承担，但"村改居"后社区居委会的办公经费则主要由街道办事处拨付，这也增加了社区居委会对街道办事处的依赖性；三是村委会尽管也面临着承接乡镇委派下来的指标与任务的压力，但其毕竟以自主处理村内经济和社会事务为主。但"村改居"后，社区居委会工作重心转向社区维稳，尤其是"村改居"社区内流动人口较多，而且原村民可能会对地方政府拆迁补贴等存在不满，导致"村改居"社区居委会的很大一部分精力放在了配合街道办事处进行征地、拆迁与安置工作上。

2019年，新修订的《中华人民共和国城市居民委员会组织法》明确指出，"居民委员会是居民自我管理、自我教育、自我服务的基层群众性自治组织"，其主要职能包括：一是"宣传宪法、法律、法规和国家的政策，维护居民的合法权益，教育居民履行依法应尽的义务，爱护公共财产，开展多种形式的社会主义精神文明建设活动"；二是"办理本居住地区居民的公共事务和公益事业"；三是"调解民间纠纷"；四是"协助维护社会治安"；五是"协助人民政府或者它的派出机关做好与居民利益有关的公共卫生、计划生育、优抚救济、青少年教育等项工作"；六是"向人民政府或者它的派出机关反映居民的意见、要求和提出建议"（第十三届全国人民代表大会常务委员会，2019）。可见，在党和国家对社区居委会的职能定位上，维护社会稳定仅是六项主要职能之一，而且是协助维护。此外，在职能定位的先后次序上，维护社会稳定也位于开展精神文明建设以及办理居民公共事务和公益事业之后。然而，现实中"村改居"社区居委会却往往把维护社会稳定作为首要任务。因为相较于其他职能定位而言，维护社会稳定更容易量化，也是地方政府官员更加重视的"约束性指标"。在这种背景下，公共体育服务这类"软指标"就陷入了被边缘化的状态。这在本研究的实地调研中，也得到了体现。比如，在问及"街道办事处有没有对居委会体育工作开展情况进行评估考核的方案，如果有，能否简单谈一下相关指标"时，部分"村改居"社区主要负责人的回答如下：

> 也没有什么具体的评估方案，主要是配合街道完成规定的体育活动，通常是街道组织，我们找些人参加。（ZYS，山西省太原市 J 社区党委书记、居委会主任）

> 我们这边毗邻虹桥商业区，外来人口蛮多的，现在重点是放在综合治理这方面。上面对此也比较重视，对体育发展的要求相对来说弹性比较大，没有明确的考核指标。（YZJ，上海市青浦区 H 社区居委会主任）

> 说实话，上面也没有对体育工作开展的具体要求，主要看社区居委会这边的意愿，经费相对充裕的年份或有企业赞助的时候，我们也会积极地去组织一些活动。不过，这要看社区当年的工作安排情况。如果上面安排下来的任务比较多，可能就会少组织一些。（XK，陕西省西安市 N 社区党委书记、居委会主任）

从访谈中可以看出，目前"村改居"社区居委会已嬗变为承接街道办事处相关指标与任务的主体。原本是协助维护社会稳定的工作变成了现在的首要工作，街道办事处与社区居委会的关系也由"指导与被指导"的关系变形为"领导与被领导"的关系。在街道办事处委派下来的大量指标与任务面前，社区居委会也由本应进行居民自我管理、自我教育、自我服务的基层群众性自治组织演变为"准政府"组织，行政化色彩浓厚。这一方面弱化了居委会成员为居民服务、维护居民权利的意识，更多地表现为服务于街道办事处、维护街道办事处的权威；另一方面也使得其在面对繁杂的指标与任务时疲于应付，很大程度上弱化了其参与公共体育服务治理的积极性。

三、权责边界尚未厘清的服务站

随着我国城镇化的快速推进，大量人口涌入城镇。此外，居民对公共服务需要不断增加，致使基层管理任务加重。在这种背景下，全国很多城镇在社区层面设立了社区服务站，以此来承接上级政府面向居民提供的公共服务，由于其区别于传统的社区党组织、居委会等既有社区组织，也称其为新型服务组织（杨贵华，2014b）[171-172]。本研究实地调研的"村改居"社区也都设置了社区服务站，只不过称谓各有不同。比如，山东省枣庄市 S 社区、浙江省嘉兴市 L 社区、山西省太原市 J 社区将其称为"社区党群服务中心"，上海市青浦区 H 社区将其称为"社区事务服务中心"，安徽省合肥市 T 社区将其称为"社区为民服务中心"，陕西省西安市 N 社区将其称为"社区工作站"，重庆市南川区 D 社区将其称为"社区便民服务中心"。

2011 年，国务院办公厅印发的《社区服务体系建设规划（2011—2015年）》中提出了"根据工作需要每个社区建设一个综合性、多功能的社区服务站"的要求，并明确了社区服务站的主要职能："一是组织居民开展民主议事、纠纷调解、公益慈善、邻里互助、志愿服务等活动；二是代办代理公共服务事项，保障各项公共服务覆盖到社区全体居民；三是为社区居民提供文体教育、健康休闲、养老抚幼、困难帮扶、信息邮政、家庭服务等便民利民服务；四是为社区党组织和自治组织提供办公和活动场所；五是采集基础信息，反映居民诉求。"（国务院办公厅，2011）2016 年，民政部、中央组织部、中央综治办等十余个部门联合印发的《城乡社区服务体系建设规划（2016—2020 年）》提出了"推进街道（乡镇）社区服务中心和城乡社区服务站建设，力争到2020年，实现城市社区综合服务设施全覆盖"（民政部 等，2016）的目标，并对城乡社区服务站的职能再次进行了明确。与《社区服务体系建设规划

（2011—2015年）》对社区服务站职能的定位相比，除新增了"为城乡社区服务机构提供服务场所"以及"部署、应用智慧社区信息系统"外，其他职能定位基本相同。

从社区服务站的职能定位可以看出，它为政府公共服务向社区延伸搭建了工作平台，相对地减少了社区居委会承担的行政事务，这对于居委会成员投入更多精力进行社区治理有着积极的促进作用。然而，社区服务站作为政府部门的延伸平台，其工作人员大部分由政府部门多口招聘。虽然政府部门规定了社区服务站的职能，但很多行政权力仍然掌握在职能部门手中。在这一现实下，承担公共服务责任但没有被授予相应权力的社区服务站，更多地是扮演咨询者或中转站的角色。调查显示，社区服务站代办项目涉及职能部门的比例占63.6%，自办项目涉及职能部门的比例占53.3%，这也说明社区服务站与职能部门之间的权责关系并未厘清（张欢 等，2013）。此外，社区服务站同时又是社区居委会下的专业服务机构，须在社区党组织和居委会领导下开展工作。调查显示，一些社区居委会负责人存在担心社区服务站独立运行会削弱居委会权威、边缘化其职能的心态；另有一些社区居委会负责人担心如果居委会不承担政府延伸到社区的部分行政职能，就可能难以领导居民开展自治工作。这些担心也导致社区居委会负责人不愿意和社区服务站划分界限、明确职能（丁巍，2017）[32]。

由于在相关职能的划分上未厘清，导致社区服务站工作人员的岗位职责也不清晰，更多地呈现出"万金油"的角色，哪里需要人就到哪里帮忙，工作不稳定性较大，难以沉下心来进行专业技能的学习与提升，也难以持续性地把应该负责的公共服务板块做好、做深。调查显示，社区专职工作人员大多身兼数职，在被调查的社区专职工作人员中有92.58%负责两项及以上工作，有42.98%经常在周末（或节假日）被要求到单位加班，工作任务繁重（丁巍，2017）[27]。而且，与相同学历和工龄的公务员或事业单位人员相比，社区专职工作人员的收入待遇也相对偏低。此外，目前的社区专职工作人员中很多是非户籍人员，他们对所工作社区的具体情况和居民相对陌生，这也在一定程度上限制了其工作的顺利开展，弱化了其职业成就感。受以上因素影响，社区专职人员的流失问题较为严重。比如，截至2017年9月，陕西省五年内共招聘了11 038名社区专职工作人员，其中离职人数有1 075人，离职率高达10.63%

（丁巍，2017）[25]。

对于已经纳入城镇管理的"村改居"社区而言，其社区服务站也存在与上级政府部门和社区居委会权责边界尚未厘清的问题。事实上，相较于普通城镇社区，"村改居"社区面临着更为繁杂的社会事务，比如"村改居"社区居民的安置、补贴及相关社会保障的跟进与落实等。这也导致"村改居"社区服务站的工作任务较重。另外，"村改居"社区大多地处城郊地带，在地理位置上也难以吸引或留住专业素质较高的社区工作人员。这些因素也制约着"村改居"社区公共体育服务的有效治理。比如，在问及"社区服务站有没有设置专门的体育工作负责人"时，部分"村改居"社区主要负责人的回答如下：

> 服务中心现在有一位负责文化与体育工作的人员，她目前也兼着计生工作。（WRH，山东省枣庄市S社区党委书记）

> 我们社区便民服务中心目前就四位工作人员，上面压下来的任务却是千头万绪，根本做不到专门负责一项事务。（LQ，安徽省合肥市T社区党委书记、居委会主任）

> 工作站这边人手少、事务多，目前除了综合治理这一块因为事务较为繁杂，安排了一个人专门负责外，其他一般是身兼多项事务。（XK，陕西省西安市N社区党委书记、居委会主任）

从访谈中可以看出，工作人员数量少但承接的社区事务却很繁杂，是目前"村改居"社区服务站的基本现实，所以很难做到专人负责某项事务。而像公共体育服务这种相对边缘化的社区事务，就更难以做到专人负责了。在本研究的实地调研中还发现，"村改居"社区服务站负责文体工作的人员以前所学专业大多集中在中文、法律与经济等专业，很少有体育专业的。而且，很多负责文体工作的人员并没有较好的运动专长，甚至有的都没有经常参加体育锻炼的习惯。事实上，正所谓"术业有专攻""隔行如隔山"，体育运动绝不是简单的散步、遛弯，它不仅包含着众多的运动项目，而且不同的运动项目又各有独特、丰富的文化内涵、价值特点、运动技术与比赛规则。负责文体工作的人员如果不懂体育、不会体育，就很难真正地组织开展起有效的、高质量的体育活动，也难以对居民进行体育健身指导。这在第二章的问卷调查中也可以得到一定程度的验证："村改居"社区居民参加社区组织的体育活动的人数百分比仅为2%；居民经常参加的运动项目大部分集中在健身走、跑步、广场舞等所需运动场地规格要求不高、运动技术门槛相对较低的运动项目类型上；居民接受过健身指导的人数占比仅为42.9%，这其中接受朋友或同事相互指导的人数占比就达到了35.1%。从整体上讲，在"人少事多"状态下运行的社区服务站，在"村改居"社区公共体育服务治理上的作用发挥仍相对有限。

四、资源投入有限的公益性服务机构

除了社区服务站外，政府及相关职能部门为了扩大公共服务供给、丰富公共服务供给的多样性，创办了社区综合性文化服务中心、老年大学社区分校等公益性服务机构（杨贵华，2014b）[177]。以社区综合性文化服务中心为例，党的十八届三中全会提出了"建设综合性文化服务中心"（中共中央，2013）的要求后，国务院办公厅于2015年专门印发了《关于推进基层综合性文化服务中心建设的指导意见》，并指出"基层是公共文化服务的重点和薄弱环节"，"公共文化资源难以有效整合，条块分割、重复建设、多头管理等问题普遍存在，基层公共文化设施功能不健全、管理不规范、服务效能低等问题突出，总量不足与资源浪费问题并存"，"推进基层综合性文化服务中心建设，有利于完善基层公共文化设施网络，补齐短板，打通公共文化服务的'最后一公里'"（国务院办公厅，2015）。《城乡社区服务体系建设规划（2016—2020年）》中也提出"广泛开展社会文化活动，依托城乡社区综合服务设施，建立社区（村）综合性文化服务中心"（国家发改委，2016）。

在社区综合性文化服务中心的职能定位上，中共中央办公厅、国务院办公厅于2015年印发的《关于加快构建现代公共文化服务体系的意见》指出，"统筹建设集宣传文化、党员教育、科技普及、普法教育、体育健身等多功能于一体的基层公共文化服务中心，配套建设群众文体活动场地"（中共中央办公厅、国务院办公厅，2015a)。《关于推进基层综合性文化服务中心建设的指导意见》在此基础上对社区综合性文化服务中心的职能做了进一步的明确与细化，主要包括：一是向居民提供基本公共文化服务，"重点围绕文艺演出、读书看报、广播电视、电影放映、文体活动、展览展示、教育培训等方面"设置服务项目；二是整合各类公共文化资源，比如"推进广播电视户户通""设立公共图书馆服务体系基层服务点""建设基层体育健身工程""组织群众开展体育健身活动"等；三是开展基层党员教育工作；四是配合做好社会保障、人口管理等其他公共服务（国务院办公厅，2015）。从党和国家的文件中可以看出，向居民提供基本的公共体育服务是社区综合性文化服务中心的主要职能之一，甚至是需要重点予以关注、落实的主要职能之一。

此外，《关于加快构建现代公共文化服务体系的意见》要求"设立城乡基层公共文化服务岗位，配置由公共财政补贴的工作人员"（中共中央办公厅、国务院办公厅，2015a）。然而，在实际运作中，社区综合性文化服务中心往往由社区服务站负责文体工作的人员进行管理与运行。正如前文所论述的，社区服务站人员本来就处于收入待遇相对偏低、工作任务较为繁杂的状态，由其兼任社区综合性文化服务中心的负责人，更多地表现为"忙上加忙""敷衍了事"的现状。而且，社区综合性文化服务中心也面临着文化部门、民政部门、体育部门等多头管理的现状，加之其还受社区党组织、社区居委会的管理，导致社区综合性文化服务中心负责人缺乏自主权，很难根据居民需要开展多元化的文体活动，更多地表现为仅完成上级政府及相关职能部门委派下来的"规定动作"。另据调查显示，大部分社区综合性文化服务中心的建筑空间以及人力资源配置不足，又无法容纳日益增多的各类宣传、科普、党建等项目，造成了"一门多体""一室多牌"的现状，使得其空间功能混乱、空间设施被占用或闲置；不少社区综合性文化服务中心的工作重心仍放在行政管理而不是直接服务上，很多社区综合性文化服务中心的正常开放时间有限，甚至部分已通过评估评级的社区综合性文化服务中心平时也不正常开放，导致其服务效率相对偏低（高鉴国，2017）。此外，条块分割、多头管理的现状也使得社区综合性文化服务中心难以整合相应的公共文化服务资源，使得社区内的公共文化服务资源相对处于分散状态。这与党和国家对其"发挥基层综合性文化服务中心的终端平台优势，整合分布在不同部门、分散孤立、用途单一的基层公共文化资源，实现人、财、物统筹使用"（国务院办公厅，2015）的职能定位存在较大偏差。

在本研究实地调研的"村改居"社区中，除山东省枣庄市 S 社区外，其他"村改居"社区均建立了社区综合性文化服务中心。在社区综合性文化服务中心的管理上，基本是委派社区服务站的文体工作人员或居委会成员兼任。而且，在实地调研中还发现，上级政府及其职能部门对于社区综合性文化服务中心的资源投入相对有限，导致"村改居"社区综合性文化服务中心所提供的公共体育服务质量不甚理想。在对"村改居"社区主要负责人的访谈中也发现这一问题。比如，在问及"制约社区综合性文化服务中心公共体育服务供给的因素主要有哪些"时，部分"村改居"社区主要负责人的回答如下：

> 主要还是经费不足。现在上面确实有专项经费下来，但分配到社区还是少了些，买些健身设施、组织一两次活动基本就用完了。（SQ，浙江省嘉兴市 L 社区党委书记、居委会主任）

> 人手不足是个大问题，现在文化服务中心这边仅有一个人负责，而且还是兼职，很难有精力去搞健身活动。（LQL，重庆市南川区 D 社区党委书记）

> 现在上面是有专项经费下来，让搞文体室。但是目前社区很难腾出空间来，只能是买些其他容易放置的器材。（YZJ，上海市青浦区 H 社区居委会主任）

从访谈中也可以看出，经费不足、工作人员少、没有空间是目前"村改居"社区综合性文化服务中心在提供公共体育服务方面面临的主要问题。受此制约，导致"村改居"社区综合性文化服务中心在面向居民提供公共体育服务时，往往做简化处理，即找一两处闲置的办公室，放置一些简易的座椅板凳，再配上几副棋牌，就完成了公共体育服务的配置。也有的社区综合性文化服务中心，比如上海市青浦区 H 社区、陕西省西安市 N 社区安置了一些台球桌或舞蹈室。此外，在实地调研的"村改居"社区中，基本都利用社区空地安置了一些健身器材。但正如前文所列举的，这些健身器材有的被安置在社区较偏僻的角落，有的则因缺乏维护而难以使用，有的甚至被居民用来晾晒衣服。从整体上讲，受资源投入有限的制约，"村改居"社区综合性文化服务中心所提供的公共体育服务仍与居民的期望存在较大的差距。

除了社区综合性文化服务中心外，一些地方的政府及相关职能部门为了丰富老年人精神文化生活、发展老年教育，积极创办了老年大学，并将其延伸至社区。2016年，国务院办公厅印发的《老年教育发展规划（2016—2020年）》提出了"到2020年，全国县级以上城市原则上至少应有一所老年大学，50%的乡镇（街道）建有老年学校，30%的行政村（居委会）建有老年学习点"（国务院办公厅，2016b）的发展目标。2017年，国务院印发的《"十三五"国家老龄事业发展和养老体系建设规划》也提出"建设一批在本区域发挥示范作用的乡镇（街道）老年人学习场所。改善基层社区老年教育机构设施设备，建设好村、社区老年学习点"（国务院，2017）。在老年大学的职能定位上，根据《老年教育发展规划（2016—2020年）》的精神，主要开展"养、医、体、文"方面的课程与活动，让老年人能够"老有所教、老有所学、老有所为、老有所乐"（国务院办公厅，2016b）。由此可见，老年大学也承担着向社区老年人提供公共体育服务的职责。

在本研究实地调研的"村改居"社区中，仅有上海市青浦区H社区和陕西省西安市N社区设有老年大学社区分校。比如，上海市青浦区H社区老年大学社区分校开设了杨氏太极拳以及团体扇的课程，陕西省西安市N社区开设了瑜伽和水兵舞的课程。两个"村改居"社区老年大学社区分校所开设的课程，均有相对固定的时间、场地、师资及相应的教学计划安排，在为老年人提供公共体育服务方面发挥了一定的作用。但在实地调研中也发现，虽然上级政府及相关职能部门有专项经费下拨到老年大学社区分校，但整体的经费投入相对有限，这也导致了老年大学社区分校所开设的体育健身类课程仍相对有限，授课教师基本上是讲完课后就离开，在对学员持续性进行指导上仍需进一步加强。此外，在老年大学社区分校的管理上，基本上是委派社区服务站的文体工作人员或居委会成员兼任。与社区综合性文化服务中心一样，亦面临着管理人员"人少事多"的问题，导致管理人员在老年大学社区分校的公共体育服务供给上同样存在简化处理的现象。

而且，相关调查也显示老年大学师资队伍建设存在以下问题：一是年轻教师占比较低，师资结构老龄化趋势明显，影响课程教学的活跃度；二是大多数老年大学教师是兼职教师，流动性强，自由度大，容易出现调课、停课等现象，影响课程教学的稳定性；三是教师授课的费用相对偏低，一定程度上影响了教师授课的积极性；四是教师的选拔、培训、考核等机制尚不健全，督促力度相对不足，导致部分教师的授课质量不甚理想（冯娇娇，2019）[27-29]。

五、发育程度较低的体育社会组织

社会组织是指人们为了实现特定的社会服务目的或共同愿望而自愿组成的独立于政府与市场组织之外，按照章程开展相应活动的非营利性组织，其资金多来源于政府资助、社会捐赠、企业赞助以及服务收费（刘国永 等，2016）[2]。1998年，国务院印发了《社会团体登记管理条例》《民办非企业单位登记管理暂行条例》《基金会管理办法》三部行政法规，明确了社会组织的三种类型，即社会团体、民办非企业单位和基金会。这三种社会组织类型的共性特征是非政府性、非营利性，不同之处主要是其法人治理结构、服务方式和对象有所差异。比如：其一，社会团体是会员制社会组织，会员是其存在的基础，而基金会和民办非企业单位则是非会员制社会组织，财产是其存在的基础；其二，社会团体的最高权力机构是会员（或会员代表）大会，而基金会和民办非企业单位的最高权力机构是理事会；其三，同为财产聚合型社会组织的基金会和民办非企业单位也存在差异，前者更注重资金的使用方式，后者更注重服务的质量（刘国永 等，2016）[4]。

计划经济时期，政府在我国社会管理上处于绝对主导地位，大部分社会组织被同构到政府的权力框架内，这一方面使得政府的财政压力很大，难以为居民提供多元的、高质量的公共服务；另一方面也限制了社会组织的发育，使其难以为政府分担公共服务供给的压力。改革开放就好比一把利剑，刺破了我国相对封闭与固化的一元社会。这一方面极大地激活了经济的活力，使得政府的财政收入有了很大幅度的提升；另一方面也促进了社会组织的发育，使得其在公共服务供给上逐渐发挥着越来越大的作用（马德浩，2019d）。党的十八大以来，在全面深化改革、推动国家治理体系与治理能力现代化进程中，党和国家也高度重视社会组织的发展。比如，党的十八届三中全会《中共中央关于全面深化改革若干重大问题的决定》中指出"加快实施政社分开"，"适合由社会组织提供的公共服务和解决的事项，交由社会组织承担"（中共中央，2013）。党的十八届四中全会提出"加强社会组织立法，规范和引导各类社会组织健康发展"（中共中央，2014）。2016年，民政部、国家发展改革委员会《关于印发〈民政事业发展第十三个五年规划〉的通知》中指出：健全社会组织管理制度，形成"政社分开、权责明确、依法自治的现代社会组织体制"（民政部等，2016）。党的十九大指出："加强社区治理体系建设，推动社会治理重心向基层下移，发挥社会组织作用，实现政府治理和社会调节、居民自治良性互动。"（习近平，2017）在党中央精神指导下，相关职能部门也出台了一系列支持社会组织发展的政策。比如，中共中央办公厅、国务院办公厅2015年印发了《行业协会商会与行政机关脱钩总体方案》，从"机构分离""职能分离""资产财务分离""人员管理分离"以及"党建、外事等事项分离"五个方面，要求各级行政机关与其"主办、主管、联系和挂靠"的行业协会商会进行脱钩，"行业协会商会依法直接登记和独立运行"（中共中央办公厅 等，2015b）。2016年，中共中央办公厅、国务院办公厅又印发了《关于改革社会组织管理制度促进社会组织健康有序发展的意见》，从"大力培育发展社区社会组织""完善扶持社会组织发展政策措施""依法做好社会组织登记审查""严格管理和监督""规范社会组织涉外活动""加强社会组织自身建设""加强党对社会组织工作的领导"等方面，对社会组织的发展进行了全局性的谋划（中共中央办公厅 等，2016）。2019年，国家发展改革委、民政部、中央组织部等十部门联合印发了《关于全面推开行业协会商会与行政机关脱钩改革的实施意见》，要求根据去行政化的原则，落实"五分离、五规范"，在其所列的脱钩名单中，涉及795家全国性行业协会商会（其中已脱钩422家，拟脱钩373家）（国家发展改革委 等，2019）。在这些政策的保障下，我国社会组织呈现出稳步增长的态势。据统计，我国2012年的社会组织总量为49.9万个（民政部，2013），2018年这一数值上升为81.7万个（民政部，2019），增长了近一倍。在我国2018年的社会组织类型中，社会团体有366 234个，基金会有7 034个，民办非企业单位444 092个（民政部，2019）。

此外，党和国家也强调体育社会组织在公共体育服务供给上的作用发挥。比如，国务院 2014 年印发的《关于加快发展体育产业 促进体育消费的若干意见》要求"推行政社分开、政企分开、管办分离，加快推进体育行业协会与行政机关脱钩"（国务院，2014）。国务院 2016 年印发的《全民健身计划（2016—2020 年）》提出"引导体育社会组织向独立法人组织转变"，"提高体育社会组织承接全民健身服务的能力和质量"（国务院，2016）。国务院办公厅 2019 年印发的《体育强国建设纲要》提出"发挥全国性体育社会组织示范作用，推进各级体育总会建设"，"带动各级各类单项、行业和人群体育组织开展全民健身活动"（国务院办公厅，2019）。此外，在《关于全面推开行业协会商会与行政机关脱钩改革的实施意见》所列的脱钩名单中，涉及 88 家全国性体育社会组织（其中已脱钩 21 家，拟脱钩 67 家）（国家发展改革委 等，2019），全国性体育社会组织的脱钩也为地方性体育社会组织的脱钩起到了较好的带动与示范作用，有助于其建立规范的治理结构，在公共体育服务供给上发挥更重要的作用。据统计，我国 2018 年的体育社会组织总量达到了 53 750 个，其中体育"社会团体"为 33 722 个，体育"基金会"为 42 个，体育"民办非企业单位"为 19 986 个（民政部，2019）。需要注意的是，体育社会组织的组成结构与社会组织整体的组成结构存在较大差异，主要表现为：在体育社会组织的组成结构中，社会团体的占比最高（约为 63%）；而在社会组织整体的组成结构中，民办非企业单位的占比最高（约为 54%）。

虽然我国体育社会组织近年来呈现出了稳步增长的态势，但从整体上讲，目前仍处于"数量少、活力弱"的状况。其中，"数量少"一方面表现为体育社会组织数量占我国社会组织总量的比重仍很低（仅为 6.6%），与教育类、文化类、社会服务类社会组织的总量相比仍有很大差距；另一方面表现为我国人均体育社会组织数量与国外发达国家相比仍有较大差距，比如，我国 2018 年平均每 10 万人仅拥有 3.9 个正式登记的体育社会组织，与德国平均每 10 万人拥有 112 个非营利性体育组织的差距显著（刘国永 等，2016）[49]。"活力弱"一方面表现为体育社会组织自身的治理结构不完善，行政化色彩浓厚，职能多由政府体育部门或运动项目管理中心代行，银行账户真正独立的不多，比如在民政部正式登记的 94 家全国性体育社会团体中，有 76 家没有独立的账户；另一方面表现为活跃度低、服务能力一般，比如，在民政部对 1 789 个全国性社会团体的调查中，体育社会团体的活跃度指数排名为倒数第二位，公共服务能力指数排名为倒数第一位（刘国永 等，2016）[51-58]。

需要说明的是，考虑到在我国的体育社会组织组成结构中，体育社会团体的占比最高（2018 年的占比高达 63%），而且从已有研究来看，真正深入社区参与其公共体育服务治理的也大多为体育社会团体（刘国永 等，2016）[136-137]，因此，对于导致我国体育社会组织"数量少、活力弱"的原因分析，在本部分主要以体育社会团体为例进行论述。

一是双重管理制度的约束。1989 年，国务院印发的《社会团体登记管理条例》规定："申请成立社会团体，应当经过有关业务主管部门审查同意后，向登记管理机关申请登记"，社会团体的业务活动受有关业务主管部门的指导（国务院，1989）。这一规定导致了社会团体要接受业务主管部门以及登记管理机关双重管理的现实。随后，国务院分别于 1998 年（国务院，1998）、2016 年（国务院，2016b）对《社会团体登记管理条例》进行了修订，但基本仍延续了申请成立社会团体须经业务主管部门审查同意，并接受业务主管部门和登记管理机关双重管理的规定。此外，国务院 1998 年印发的《民办非企业单位登记管理暂行条例》以及 2004 年印发的《基金会管理条例》，也秉承了 1989 年印发的《社会团体登记管理条例》的基本精神，以归口分级、双重管理、限制竞争为主要内容。可以说，这三大条例共同确立了我国社会组织的双重管理制度（叶托，2019）。我国社会组织的双重管理制度对于规范社会组织按照国家法律及其组织章程开展活动有一定的督促意义，但同时也赋予了业务主管部门较大的权力，使业务主管部门对社会组织的指导经常存在越界干预的现象（马德浩 等，2014b）。黄亚玲（2003）[5-57] 将我国体育社会团体与政府部门间的关系形象地比喻为"伞状同构"，即在一个伞形的组织结构体系中，体育社会团体与政府部门合处一室，伞的顶点是政府部门，并以此形成了四条伞状控制线：第一条是以国家体育总局为顶点的和同构于其中的中华全国体育总会、中国奥委会、中国体育科学学会和全国各单项体育协会所组成的伞状结构；第二条是以省（市）体育局为顶点的和同构于其中的省（市）体育总会、体育科学学会和各单项体育协会所组成的伞状结构；第三条是以市（区）体育局或文体局为顶点的和同构于其中的体育协会所组成的伞状结构；第四条是以区（县）政府或街道办事处、居委会为顶点的和同构于其中的体育项目协会、人群体育协会所组成的伞状结构。在"伞状同构"框架体系内,体育社会团体不管是财权还是事权都受到了业务主管部门的控制,严重地弱化了其发展的自主权。一项对全国性单项体育协会的调查显示,有20%的协会通常与1~3个政府部门相联系,49%的协会通常与4~6个政府部门相联系,16%的协会通常与7~9个政府部门相联系;有98.2%的全国性单项体育协会在决策时受政府部门影响(王旭光,2008)[81-154]。

二是注册门槛偏高。国务院在1998年修订的《社会团体登记管理条例》中,对成立社会团体设置了具体的必备条件,比如:"有50个以上的个人会员或者30个以上的单位会员""有固定的住所""有与其业务活动相适应的专职工作人员""有合法的资产和经费来源"等(国务院,1998)。2016年修订的《社会团体登记管理条例》也保留了这些条件。此外,《民办非企业单位登记管理暂行条例》和《基金会管理条例》也有相应的成立条件。但整体而言,与美国、英国、日本等国外社会组织发育较好的国家相比,我国社会组织的注册门槛相对偏高(陈成文、黄开腾,2018)。这对于很多资源有限的体育社会组织而言,是很难达到注册门槛的。比如,在一项对全国170个体育社会团体的调查中,有81个体育社会团体没有专职人员(刘国永 等,2016)[58]。另一项调查显示,在被调查的77家体育社会团体中,有52家体育社会团体的资金不能满足活动开展的需要,仅有5家体育社会团体的经费能够较好地满足活动开展的需要(马德浩 等,2014b)。2013年,时任民政部副部长顾朝曦也指出,多数体育社会组织规模较小,相当一部分没有专职工作人员,无经费、无场地、无人员的问题普遍存在(刘国永 等,2016)[57]。注册门槛偏高使得很多在现实中已成立的体育社会组织选择放弃注册,甘愿处于"法外生存"的状态。据估算,在我国基层社区,以健身团队为主体的非正式体育社会组织(也称"草根"体育社会组织)的总量已超过百万家,网络体育组织也已超过80万家,远高于正式登记的体育社会组织总量(王凯,2019)。此外,正如前文所论及的,我国社会组织在注册登记上还以限制竞争为原则,比如1989年印发的《社会团体登记管理条例》就规定:在同一行政区域内不得重复成立相同或者相似的社会团体(国务院,1989)。这种"限制竞争"原则一方面限制了社会组织数量的增长;另一方面也导致社会组织之间缺乏良性竞争,容易产生"等、靠、要"的心态,限制其自主发展、自我治理的意愿,弱化了其参与公共体育服务供给的积极性。

三是培育扶持政策单一化、形式化。2009年,上海市利用政府财政经费将部分基层公共服务以契约形式面向社会招投标,开启了我国政府购买公共服务的试验,并取得了较好的成效(覃静,2019)。2013年,国务院办公厅印发了《关于政府向社会力量购买服务的指导意见》,指出"教育""文化体育"等"基本公共服务领域,要逐步加大政府向社会力量购买服务的力度","非基本公共服务领域,要更多更好地发挥社会力量的作用"(国务院办公厅,2013)。2017年,民政部又在此基础上专门印发了《关于通过政府购买服务支持社会组织培育发展的指导意见》,并强调"鼓励各级政府部门同等条件下优先向社会组织购买民生保障、社会治理、行业管理、公益慈善等领域的公共服务"(财政部 等,2017)。2014年,国务院印发的《关于加快发展体育产业 促进体育消费的若干意见》也指出,"将适合由体育社会组织提供的公共服务和解决的事项,交由体育社会组织承担"(国务院,2014)。目前,已广泛推广的政府购买服务将扶持社会组织发展作为重要的价值导向,对促进社会组织的发展具有积极意义。然而,需要指出的是,政府购买服务理应包括服务供给和培育扶持两大目标,如果过度强调培育扶持的目标则会淡化服务供给的目标。落实到基层的操作中,容易出现为了购买而购买的功利主义倾向,而并未真正考虑到社会组织是否真正具有承接政府购买服务的能力,一定程度上弱化了服务供给的质量。相关调查研究显示,一些社区课堂、广场咨询、睦邻活动等服务项目,目标宽泛、参与度低,往往流于形式;而且政府购买服务普遍存在资金不足的现象,社会组织实际获得的资金往往与申请时填写资金额度存在较大的差异,导致社会组织在服务供给上存在减少服务或将服务项目转包的现象(黄晓勇 等,2017)[34]。这也在一定程度上助长了社会组织不遵守合同契约的失范行为,弱化了其公益精神和为居民服务的意识。事实上,从发达国家的经验来看,购买服务更适用于扶持相对成熟的社会组织;而对于更多小型的、处于发育中的社会组织,应采取更具针对性的扶持政策,不宜把政府购买服务当成促进社会组织发展的"万能钥匙"。而且,在政府购买服务上还存在倡导性政策多、操作性政策少的问题。比如,在税收政策上,财政部和民政部在2014年印发的《关于支持和规范社会组织承接政府购买服务的通知》中指出,"贯彻落实国家对社会组织各项税收优惠政策,符合条件的社会组织按照有关税收法律法规规定，享受相关税收优惠"（财政部 等，2014）。然而，税收优惠到底是多少，如何执行，不执行会面临什么样的处罚却未给予说明。由于缺乏操作性细则，导致政策的执行很难落实。据调查，社会组织普遍反映税收优惠政策的实施难度较大，绝大多数社会组织没有享受到相应的税收优惠（黄晓勇 等，2017）[37]。

  此外，政府购买服务也会对体育社会组织自身治理能力的提升带来一系列负面影响。比如，在政府购买服务过程中，政府与体育社会组织的关系原本应该是"委托代理"的契约关系，然而由于目前我国整体处于"强政府、弱社会"的状态，体育社会组织难以有足够的话语权与政府就购买服务的相关契约细则进行公平协商，甚至为了获取政府项目而低价接手，这容易使得体育社会组织成为政府的"附庸"。原本是协商对话的平等关系，也异化为被行政性服从的等级关系，弱化了体育社会组织的独立性。而且，在我国科层制管理体系内，政府多以文书（系列报告、账目清单、供给规划等）的方式对体育社会组织的服务供给进行绩效评价，使得一些体育社会组织为应付政府的检查评估，往往安排本就稀缺的专职人员负责报告的撰写，导致了"专职人员写报告、一般人员做工作"的异化现象（张凤彪 等，2019）。事实上，在政府购买服务的承接方遴选中，往往倾向于选择"官办"的体育社会组织，而将更需要培育扶持的"草根"体育社会组织排斥在外，导致出现了"强者越强，弱者越弱"的马太效应，一定程度上造成了我国体育社会组织整体结构的失衡。

  具体到"村改居"社区公共体育服务治理上，参与的主体多为"草根"体育社会组织，更准确地讲是体育健身类社团。从第二章"村改居"社区居民对体育健身类社团发展的满意度评价来看，持积极性评价的人数百分比仅为52.1%，说明"村改居"社区体育健身类社团发展现状不容乐观。这在本研究的实地调研中，也得到了体现。比如，在问及"社区内有哪些体育健身类社团，居委会会给这些体育健身类社团提供一定的场地与经费支持吗"时，部分"村改居"社区主要负责人的回答如下：

> 我们社区有两个比较大的体育社团：一个是篮球社团，一个是广场舞社团。篮球社团主要是配合街道那边的篮球比赛成立的；而且社区

里有几名部队退役军人,以前打过篮球,主要是他们几个组织的。广场舞社团主要是由1~2个平时爱跳舞的居民组织起来的,到了晚上会有几十个人在社区广场那边跳。社区目前确实没有给予场地与经费支持。如果街道那边组织比赛的话,我们会给参加比赛的人购买一些服装,场地主要是他们自己找的。(LQ,安徽省合肥市T社区党委书记、居委会主任)

社区现在有一个有氧健步的社团,主要是在社区旁的公园锻炼,尤其到了晚上有几十人。此外还有一两个大一点的广场舞社团,也主要是在公园那边跳。社区这边也没有经费支持,主要是志愿吧。(LQL,重庆市南川区D社区党委书记)

社区有个踩高跷队,是我们的特色。"村改居"之前,村里每到元宵节的时候就会组织踩高跷。现在搬到城里来了,一些村里的人还会在社区广场那边练一练,元宵节的时候也表演。不过,现在也面临一些问题,比如现在大家都住在楼里,下楼来练的人不多了。而且,年轻人对这也不是很感兴趣,愿意学的少。等这些老人踩不动了,估计这个队也不行了。(WRH,山东省枣庄市S社区党委书记)

目前比较固定的体育社团只有太极拳和团体扇两个,主要是老年大学那边组织的。活动场地主要在社区活动室,社区没有配给经费。(YZJ,上海市青浦区H社区居委会主任)

从访谈中可以看出,"村改居"社区体育健身类社团的数量仍很有限,而且大部分是依赖一些体育能人而组建的。这样的组建方式其实有其脆弱性的一面,即如果这些体育能人搬离社区,体育健身类社团可能就会面临解散的风险。体育健身类社团多集中在广场舞、健身走等运动项目上,球类运动项目的体育健身类社团较少。这在一定程度上印证了第二章关于"村改居"社区居民参与运动项目选择的调查结果,即健身走、广场舞的选择率高。而且,社区居委会也大都未给予体育健身类社团相应的场地与经费支持，使得大部分体育健身类社团处于"无人问津"的状态，组织结构较为松散，限制了社团规模的壮大以及组织化程度的提高。

值得关注的是，山东省枣庄市S社区的踩高跷队之所以形成，是与原村民的节庆民俗活动密切相关的。"村改居"后，虽然原村民离开了之前熟悉的乡土环境，现在居住的社区也融入了很多外来人口，但是强劲的乡土文化惯性仍然驱动着他们延续了元宵节踩高跷的习俗，并在新的环境中组建了社团，形成了带有城镇社区组织特点的共同体。这一方面表达出了原村民对乡土文化的坚守，另一方面也显示出原村民对城镇生活的积极适应。事实上，在"村改居"的浪潮中，乡土文化与城镇文化并不是非此即彼的排斥关系，而应是相互融合、共促共荣的协同关系。S社区踩高跷队的存在正是这两种文化相互融合的产物，这也提示在"村改居"社区体育社会组织的培育上，可以积极地借助原村民的一些民俗活动来引导其组建相对规范的体育社会组织，进而更好地促进其文化适应与转型。然而，S社区踩高跷队也面临着一些问题，比如怎样传承的问题。目前踩高跷队的成员多为四五十岁的中年人，他们大多保持着乡土民俗活动的文化记忆，在年轻时也跟着父辈进行过相应的技能学习。但是，现在社区里的年轻人对城镇文化有着较强的吸纳能力，甚至部分年轻人对乡土文化有一定的排斥心理，加上工作压力较大，导致他们加入踩高跷队的积极性较低，也鲜有兴趣去学练相关的技能，这就造成了踩高跷队目前面临的断层危机。而且，社区居委会也并没有给予相应的场地与经费支持，进一步加重了踩高跷队的解散危机。另一个值得关注的案例是上海市青浦区H社区的体育健身类社团，依托老年大学的师资资源以及社区居委会提供的活动室而得到了较好的发展，这也从一个侧面反映出政府购买服务以及居委会支持在社区"草根"体育社会组织发育中的积极作用。

六、改制不彻底的原村集体经济组织

改革开放以来，我国农村普遍实行了联产承包责任制，其本质是实现土地集体所有权与农民承包经营权的适当分离。事实上，农村集体经济又可进一步细化分为传统农村集体经济和新集体经济。其中，前者主要是农民依托共有的土地，进行集体劳动、按劳分配的经济活动；后者是土地经营以外的多元化集体经济形式（如集体企业、股份合作制企业等）（吴莹，2018）[206]。正如前文所论述的，在党和国家对村委会和城镇社区居委会的职能定位中，有一个重要的区别：村委会具有促进本村经济发展和管理集体经济及其资产的职能；而城镇社区居委会则没有经济发展与管理的职能。因此，"村改居"过程中面临的一个重要事项就是如何处置原村集体经济组织及其资产。在对原村集体经济组织及其资产进行处置上，党和国家并没有制定统一的要求，导致全国各地的做法各有差异，但主要包括以下几种：一是对原村集体经济组织及其资产进行核算后，进行一次性出售，然后通过货币化的形式分发给原村民（有的地方对于一些不便出售的资产也会通过实物的形式分发给原村民）。采取这种一次性处理方式，会导致部分原村民短期内把分发获得的货币用光，影响其更长久的生活保障，故在实际中采取这种一次性处理方式的很少；二是撤销村委会，将村委会管理的原村集体经济组织及其资产剥离后转交给经济合作社①。这种处置方式一定程度上改善了原村民的可持续性生活保障问题，但由于经济合作社内部的产权仍不清晰，不利于原村民转职转产以及跨地域流动，因此这种做法目前的适用面也不广；三是对原村集体经济组织及其资产进行股份制改革，即在对成员身份进行认定后进行资产清算，然后进行股权设置并将其量化到人②。由于这种处理方式既可以为原村民提供可持续性生活保障，又借鉴了现代企业的制度因素，因而成为大多数"村改居"社区在原村集体经济组织及其资产处理上选择的方式（杨贵华，2014b）[264-270]。

在本研究实地调研的"村改居"社区中，均采取股份制改革的形式对原村集体经济组织及其资产进行了处理。下面以山西省太原市 J 社区为例，对其原村集体经济组织及其资产的股份制改革步骤及成效进行介绍。

---

① 村经济合作社是在农村双层经济体制下设立的社区性集体经济组织，依法代表全体社员行使集体资产所有权，享有独立进行经济活动的自主权。
② 关于集体经济及其资产的股权设置，主要的是设置何种名义的个人股份，各地方在个人股权设置上有较大的不同，不仅股份类型不同，不同类型股份占总资产中的比例也不相同。其中，农龄股、土地股、人口股等是比较常见的股份。详细内容可参阅：金文龙. 2016. 土地产权观念与集体资产股份合作制改革：对"村改居"过程中集体资产处置办法的考察 [J]. 华中科技大学学报（社会科学版），30(6)：104 – 111.

山西省太原市 J 社区原村集体经济组织改制历程①

根据太原市《关于城中村改造集体经济组织股份制改革的指导意见》文件精神，2009 年，J 社区成立了以村两委班子成员、村民代表和党员代表为主要成员的村集体经济组织改制工作领导组，制定了集体产权制度改革方案，经社区支部党员会议和全体村民会议表决通过，2011 年完成了村集体经济组织改制工作，成立了太原市×××贸易有限公司。

具体实施步骤

一是清产核资。聘请有资质的会计、审计事务所进行了清产核资，确定总资产 1.86 亿元，经营性净资产总额 0.41 亿元。二是股东资格认定。以"撤村建居"批准之日为基准日，户籍在册的村民人口和村龄为计算依据，设立了人口股和村龄股，确定持股人员共计 948 人。其中：1982 年 12 月 31 日以前世居人员 457 人，享受人口股和村龄股，每人持股 186 股；1983 年 1 月 1 日至 2006 年 3 月 8 日世居人员 491 人，只享受人口股，每人持股 16 股；全体股东共配股 92 858 股。三是折股量化。村集体经营性净资产总额 0.41 亿元，确定总股份为 10 万股，折股量化为居民个人股，每股价值 406.13 元。未分配的 7 142 股用于社区新增人口分配。四是改制后成立太原市×××贸易有限公司，公司由全体股东选举产生了董事会、监事会、股东代表大会，按公司法进行经营和管理。

2011 年改制后村集体经济组织运转情况

改制后的社区支部、居委会、股份公司交叉任职，三位一体，社区社会管理职能和公司经营管理步调一致。2011～2017 年，公司平均年纯收入达 2 000 万元，集体股东和居民共享经济发展成果。2011～2017 年，公司的重大投资项目：一是投资 2 000 万元对××实验学校进

---

① 该文件获取于山西省太原市 J 社区居委会，文件印发日期为 2018 年 5 月 14 日。根据居委会负责人的要求，对文件中涉及的具体名称用×代表。

行了扩建；二是投资900万元对居民小区进行了环境改造建设；三是投资2 000万元新建了××实验学校小学部；四是投资600多万元新建养鸡场和面粉加工生产线；五是投资500万元新建了集中供热站、物业办公楼和老年活动中心；六是投资1.20亿元新建高中部教学楼、教师公寓楼。6年来，公司累计投资1.90亿元，原村集体总资产从改制前的1.86亿元增长到3.98亿元。

改制后公司股东福利发放

根据现行企业的发展，每年为股东发放平均1 200元的米、面、油等生活物品三次，价值100余万元；为60岁以上老年人发放生活补贴4 200多元，为考入高等学府的家庭补助学费；为居民报销医疗保险以外的住院费用；增加社区卫生服务站的投入，定期为社区居民体检。

改革成效

一是维护了社区稳定，通过改革界定原村集体经济组织人员身份，解决了原村集体经济产权模糊、主体缺失的问题，保证了集体和全体居民的利益。二是调动了居民积极性，居民变成股东后，破除了过去群众对集体资产抽象所有、实际上很难保障应得利益的怪圈，真正体现还权于民，还利于民。三是增强了发展活力，建立现代企业运营管理模式，打破原有集体经济的封闭性，提高集体经济组织的市场竞争力和经济效益，增强集体经济的活力。四是推进了基层民主建设，改变了原村集体经济组织的传统管理模式，遵照现代企业管理制度建立了既相互配合又有制约监督的民主管理体制，使干部处在企业股东、民主管理委员会、监事会等的监督之下，把财权、事权合理分解，使权力真正掌握在居民手中。

通过对山西省太原市J社区原村集体经济组织及其资产的股份制改革步骤及其成效的案例分析，可以看出，股份制改革较好地破除了过去村民对集体资产的抽象所有，且实际上很难保障其应得利益的怪圈，使原村集体经济组织及其资产的产权变得更为清晰，扩大了其成员的权利，也使得成员更加关注原村集体经济组织及其资产的增值，这对于"村改居"社区更好地形成社区共同体有着积极的促进价值。而且，由于原村集体经济组织在股份制改革后，初步形成了现代企业的运营管理模式，有助于其自主决策，提高了其市场竞争力。在股份制改革后，原村集体经济组织得到了较好的发展，也可以为其成员带来更多的福利，使得原村民在"村改居"后有了一定的生活保障。此外，由于在股份制改革中，遵照现代企业管理制度建立了既相互配合又有制约监督的民主管理体制，使干部处在企业股东、民主管理委员会、监事会等的监督之下，这种民主实践对于推进"村改居"社区的民主治理有着积极的导向价值。

然而，"村改居"社区原村集体经济组织在转型过程中也存在着一些问题。比如，原村集体经济组织虽初步建立起了现代企业的运营管理模式，但它与普通企业相比，承担着更多为社区提供公共服务的责任，大到为社区提供环境建设资金，小到为居民报销除医疗保险以外的住院费用，这些负担一定程度上限制了其资金链的正常运转，很难拿出足够的资金进行较大规模的市场投资或项目建设，进而影响了其可持续的竞争力。再比如，在原村集体经济组织改组为股份制公司后，其在公司管理上往往是理事会、监事会成员和社区"两委"成员交叉任职。据一项调查显示，在"村改居"社区的原村集体经济组织管理层中，社区"两委"主要领导兼职的人数百分比高达59.7%（杨贵华，2014b）[274]。交叉任职带来的一个主要问题就是改组后的股份制公司在管理与运营上常常会受到社区"两委"的掣肘，难以相对独立、快速地对市场机遇与风险进行判断。此外，在原村集体经济组织改组为股份制公司过程中，大多会设置集体股和个人股两种，其中集体股主要是用于为"村改居"社区提供公共服务或基础设施建设，但集体股本质上仍是集体所有，其产权仍是不清晰的。而且，个人股在很多地方实践中也是不能转让、买卖和抵押的，只能据此参与分红。股权无法顺畅地流动，相当程度上阻碍了原村集体经济组织的融资能力，使其难以做大做强。所以，虽然原村集体经济组织已改组为股份制公司，但其改革并不彻底，与真正意义上的股份制公司还存在较大的差异。

"村改居"社区原村集体经济组织在为居民提供公共体育服务上也发挥了一定的作用。比如，提供部分资金建设文体活动室、购买一定数量的体育健身器材、赞助社区的部分体育活动等，但由于其把更多的资金投入到了为成员发放福利和分红，所以投入到公共体育服务上的资金非常有限。而且，受制于管理运营的自主权有限以及产权不清晰等因素，其业务范围大多局限于以厂房、店面出租为主的物业经济，增值与创收的空间有限，所以也很难在公共体育服务治理中发挥较大的作用。本研究的实地调研还发现了另一问题。在问及"原村集体经济目前的运营情况如何，其在为居民提供公共体育服务上有何作用"时，部分"村改居"社区主要负责人的回答如下：

　　社区现在主要是靠出租店面来创收，运营情况比较稳定，毕竟出租店面可以"旱涝保收"。说实话，现在我们成立的这个公司的创收大部分给村里人买社保和医保了，买完后剩下来的钱就不多了。还要给一些村民发些过年、过节的福利，能给老百姓提供健身服务的钱不多，偶尔会组织一两次社区里的健身活动，但也要看当年的创收情况。(SQ，浙江省嘉兴市 L 社区党委书记、居委会主任)

　　我们前些年利用村里的集体经济建了一个贸易市场，设立了几十个摊位，主要是靠收取摊位费来创收。这几年，大家喜欢在网上购物了，贸易市场整体也不是很景气。没办法，我们只能降低摊位费。现在收取的摊位费也就只能给村民提供一些低保、报销部分医药费，过年过节再发一些米、面、油之类的物品。很难拿出多余的钱往社区公共体育服务这方面进行投入。(LQL，重庆市南川区 D 社区党委书记)

　　相比周边几个"村改居"社区，我们的集体经济算是规模比较大、效益比较好的，主要是和市里的城市规划有关，正好我们这边靠近高铁站，当时村里就利用集体经济成立了一家物流公司，但现在物流公司也面临着来自中通、韵达、圆通等大企业市场份额的竞争。社区会在集体经济的收入中拿出一部分钱，搞搞文体活动，给参加街道那边文体比赛的人员发些奖励，但金额比较少，怕居民有意见。(XK，陕西省西安市 N 社区党委书记、居委会主任)

　　从访谈中可以看出，原村集体经济组织在改制与转型过程中，普遍参照现代企业的管理运行模式进行了股份制改革，这对于其适应市场竞争、为原村民提供"兜底"式的社会保障以及改善基层民主有着积极的价值,但其改制与转型并不彻底,存在产权不清晰、管理权受到社区"两委"掣肘以及承担了过多居民福利的影响,整体的营收状况一般。此外,由于社区"两委"对公共体育服务供给的重视程度不足,使得原村集体经济组织投入到社区公共体育服务上的资金十分有限,这也较大地限制了其在公共体育服务治理上的作用发挥。

七、专业化水平不足的物业公司

在农村,公共资源、物品与设施的管理主要通过村集体协商,在政府资助与协助下完成。然而,在"村改居"后,居民面临着一系列新的社区公共事务(比如公共设施运行与维护、社区卫生与绿化、公共秩序维护等)。在普通城镇社区,这一系列公共事务主要是由居委会、业主委员会和物业公司这"三驾马车"分工进行完成的(吴莹,2018)[221]。具体实施程序主要是:选举成立业主委员会,由业主委员会牵头确定物业公司,居委会负责对业主委员会进行指导与监督,协调解决业主委员会与物业公司之间的纠纷。由于"村改居"的周期一般持续时间较长(3至10年不等),所以其业主委员会的成立也相对滞后。基于这种现实,在"村改居"社区物业公司的选择上通常会采取地方政府给予一定政策和资金,由街道办事处牵头组织,在社区居委会、原村村委会和原村民代表的共同商议下确定,原村集体经济组织也会给予物业公司一定的资金支持(吴莹,2018)[226]。在本研究实地调研的"村改居"中,大都是通过这种方式确定物业公司的。

近年来,党和国家高度重视引入社会资本参与公共服务供给。比如,党的十八届五中全会指出:"创新公共服务提供方式,能由政府购买服务提供的,政府不再直接承办;能由政府和社会资本合作提供的,广泛吸引社会资本参与。"(中共中央,2015)国务院办公厅于2013年印发的《关于政府向社会力量购买服务的指导意见》指出,"政府向社会力量购买服务,就是通过发挥市场机制作用,把政府直接向社会公众提供的一部分公共服务事项,按照一定的方式和程序,交由具备条件的社会力量承担"(国务院办公厅,2013)。同时,该文件也将承接政府购买服务的主体明确为社会组织和市场组织两大类。《城乡社区服务体系建设规划(2016—2020年)》也强调,"积极引导社会力量参与城乡社区综合服务设施建设运营、信息化建设、人才队伍建设和社会组织培育发展"（民政部 等，2016）。具体到公共体育服务的供给上，国务院于2014年印发的《关于加快发展体育产业 促进体育消费的若干意见》指出，"引导经营主体提供公益性群众体育健身服务"，"鼓励社会力量建设小型化、多样化的活动场馆和健身设施，政府以购买服务等方式予以支持"（国务院，2014）。2019年，国务院办公厅印发的《体育强国建设纲要》再次强调，"加大政府向社会力量购买公共体育服务的力度。落实体育税费政策"（国务院办公厅，2019）。通过以上政策梳理可以看出，在我国未来的社区公共体育服务治理中，市场组织将扮演重要的角色。

需要说明的是，考虑到政府购买的公共体育服务更多地是依托地方政府体育部门与较为成熟的体育市场组织来推进实施的，然而这些较为成熟的体育市场组织更多地是游离于"村改居"社区之外，在完成相应的公共体育服务供给后，大部分会继续寻求承接其他项目，在真正参与"村改居"社区公共体育服务治理上所发挥的作用很有限。物业公司作为扎根于"村改居"社区的市场组织，在社区整体治理方面发挥着较重要的作用，也一定程度上参与了社区的公共体育服务治理。除了物业公司外，"村改居"社区内也存在家政公司、保洁公司等市场组织，但它们与公共体育服务治理的关系较小（杨贵华，2014b）[183]。因此，对于"村改居"社区市场组织参与公共体育服务治理，本研究主要以物业公司为例进行论述。当然，上一部分内容所论述的"村改居"社区原村集体经济组织也属于市场组织的范畴，但它更多地扮演着为居民提供分红与福利的角色，在"村改居"社区公共体育服务治理上会给予一定的资金支持，但具体落实一般是由物业公司来完成。

物业公司的引入一定程度上缓解了"村改居"社区党组织和居委会在社区公共资源、物品与设施管理上的负担，使得社区党组织和居委会可以把更多的精力投入在社区居民自治以及社区重大事务决策上，这对于构建更为合理的社区治理体系有着积极的意义。而且，物业公司作为承接社区部分公共服务的市场组织，其服务意识相比由政府创办的公益性服务机构可能会更强，毕竟其服务质量的优劣直接关系到其能否继续在社区发展。物业公司也聘用了一些专业性强的员工，在服务的专业性上也有一定的优势。此外，物业公司作为市场组织，其整体的企业治理结构也相对完善，便于居委会和业主委员会对其进行监督。加上国务院于 2003 年专门印发了《物业管理条例》，随后又分别于 2007 年、2016 年、2018 年对《物业管理条例》进行了修订，明确了业主和物业公司的合法权益，法律上的保障与监督也有利于规范物业公司的运营活动。

"村改居"社区物业公司也存在一些影响其发展的现实问题。比如，原村民已经习惯了农村的住房消费习惯，一时难以接受付费式的物业服务，在缴纳物业服务费上并不积极，甚至持抵制态度。部分原村民由于对拆迁补偿、房屋质量等问题存在不满，也常常以拒交物业服务费的形式与地方政府、居委会讨价还价，这较大程度上影响了物业公司正常的营收情况。而且，考虑到"村改居"社区居民的整体收入水平偏低以及有可能发生的原村民因不满拆迁补偿而出现的集体上访现象，地方政府往往会针对"村改居"社区设定物业服务费的指导价格，适当压低"村改居"社区的物业服务费用，这其实也影响了物业公司的营收情况。作为以营利为导向的市场组织，物业公司也会根据营收情况进行物业人员的聘用以及物业服务的提供。在物业服务费不能保证完全缴纳且受政府价格限制的情况下，物业公司更多地是聘请一些专业性不是很强的员工，对于所提供的物业服务也会做相应的"折扣"处理，较大程度上影响了物业服务的专业性与供给质量。此外，正如前文所指出的，相比普通城镇社区的物业公司的选择主要由业主委员会决定，在"村改居"社区物业公司的选择上，街道办事处和社区居委会具有更大的决定权。考虑到大量回迁居民的再就业问题，社区居委会往往考虑到维护社区稳定的需要，强制性要求物业公司在员工聘用上优先考虑回迁居民，而回迁居民在物业服务的专业性上往往能力不足，这事实上进一步弱化了物业服务的专业性与供给质量（吴莹，2018）[230]。

受物业服务费欠缴以及政府限价等因素的影响，"村改居"社区物业公司在为居民提供公共体育服务上的作用发挥有限，更多地停留在维护文体活动室清洁、修缮体育健身设施等表面工作上。也有的物业公司会承接社区居委会和原村集体经济组织下拨的部分资金组织一些体育健身活动，但这主要根据社区居委会和原村集体经济组织的营收情况和意愿，具有较大的随意性，难以形成较稳定的合作机制。另有部分物业公司为了赢取居民的认同，会自掏腰包组织一些体育健身活动，但活动的规模与次数均十分有限。在本研究的实地调研中，也发现了这一问题。比如，在问及"社区有没有专门的物业公司对社区环境与设施等进行管理，其在公共体育服务供给上的作用如何"时，部分"村改居"

社区主要负责人的回答如下:

> 社区刚成立那会儿,没有找物业公司,是以前村里的一些居民帮忙管理环境,居委会会给他们一部分补贴。最近几年上面有要求,再加上创建卫生城市的需要,就帮我们找了一家物业公司。有时候社区想搞些体育活动,居委会这边会拨付一些钱交给物业公司,由他们帮忙组织。(WRH,山东省枣庄市S社区党委书记)

> 我们社区有物业公司,平时主要是负责维护社区环境清洁以及协助修缮房屋问题等。在公共体育服务这方面,主要是负责文体室的清洁以及社区健身器材的维修等,这部分资金主要是从物业费中支取。物业公司有时也会拿出一些资金,组织一些体育活动,主要也是为了赢得居民的认可。(YZJ,上海市青浦区H社区居委会主任)

> 有专门的物业公司进行管理。说实话,现在物业公司的很多精力放在社区环境维护方面,很多居民有些老习惯改不掉,比如车辆乱停放、楼道里堆放杂物、衣服晾晒地方不规范等。在给居民提供健身服务这一块做得不多,主要还是没钱,有些居民拖欠物业费很久了,物业公司也没办法。(XK,陕西省西安市N社区党委书记、居委会主任)

从访谈中可以看出,物业公司在社区公共资源、物品与设施的管理上起到了积极的作用,较大程度上分担了社区党组织与居委会在此方面的压力。物业公司相对规范化与专业化的特征,也有助于提升社区公共服务的供给质量。然而,相较于普通城镇社区,"村改居"社区物业公司又面临着物业服务费定价偏低、物业服务费拖交与欠交问题严重以及居委会干预较多等现实问题,导致其营收状况不理想、专业化水平不足、自主权弱化。这也较大程度上影响了其在"村改居"社区公共体育服务治理上的作用发挥,更多地表现为负责社区文体室清洁、体育健身器材修缮等角色,难以作为市场组织真正承接政府、社区居委会或原村集体经济组织委托下来的公共体育服务。

八、角色被边缘化的业主委员会

在普通城镇社区，根据房产私有和公共领域共有的原则，一般会成立业主大会和业主委员会，对社区与物业有关的事务进行自治（吴莹，2018）[134]。根据国务院 2018 年修订的《物业管理条例》，业主大会的主要职能包括"制定和修改管理规约"，"选举业主委员会"，"选聘和解聘物业服务企业"，"筹集和使用专项维修资金，改建、重建建筑物及其附属设施"等；业主委员会作为业主大会的主要执行机构，其主要职能包括"召集业主大会会议"，"代表业主与业主大会选聘的物业服务企业签订物业服务合同"，"监督和协助物业服务企业履行物业服务合同，监督管理规约的实施"等（国务院，2018）。在普通城镇社区，居委会、业主委员会和物业公司是社区公共事务治理的"三驾马车"。其中，居委会与业主委员会均为居民自治组织，只不过其所代表的群体利益有所不同。一是前者是居民权利的代言人，后者是业主权利的代言人。二是前者以提供社区公共物品为主，侧重于社区稳定和居民社会保障，而后者侧重于社区物业自治与业主权利维护。两者在民事关系上是平等的，在社区治理中是指导或协调关系（宋辉，2019）。业主委员会与物业公司则属于雇佣与被雇佣、监督与被监督的关系。

业主委员会是我国由计划经济向市场经济转型，居民由单位人向社区人转变过程中产生的居民自治型组织，其最初产生于业主与物业公司的利益之争（杨欢，2017）。业主委员会对于维护业主的权利，监督物业公司更好地履行合同，进而更好地保障社区居民的公共利益具有积极的意义。而且，业主委员会也有助于培养居民的自治意识，代表业主参与社区公共服务治理的民主决策，这对于提升社区公共服务的质量也有着较好的促进作用，业主委员会是社区实现自我管理、自我教育、自我服务、自我监督的重要治理主体之一。

正如前文所论及的，由于"村改居"的周期一般持续时间较长（3 至 10 年不等），其业主委员会的成立也相对滞后，所以社区物业公司多由地方政府、居委会、原村村委会共同协商选定，这种做法虽有现实所迫的成分在内，但其事实上导致了业主委员会角色的边缘化。因为业主委员会原本的一个重要职能便是代表业主和业主大会选聘物业公司，但这一职能提前被地方政府、居委会和原村村委会给取代了。即使后来组建了业主委员会，但从现实运作来看，业主委员会也很难对物业公司进行更换。这一方面缘于"村改居"社区的物业服务费用有较大比例来自地方政府、社区居委会以及原村集体经济组织的补贴，另一方面缘于物业公司员工里有较多是回迁居民。在这种背景下，业主委员会也很难发挥其应有的监督物业公司更好地履行合同的职能。此外，有关调查研究显示，"村改居"社区居委会与业主委员会之间的关系更多地表现为干预和主导的关系，居委会往往把业主委员会作为自己的附属机构，通过委派工作人员在业主委员会兼职的形式了解业主委员会的动态，以便在社区重大事务决策中取得主动权；业主委员会成员也并非通过业主选举产生，业主代表在其中所占的比例较低，不能充分表达业主的意愿（宋辉，2019）。

在"村改居"社区中，业主委员会角色的边缘化，使得其难以对物业公司进行监督，也难以代表业主参与社区重大事务的决策，这在较大程度上弱化了其在公共体育服务治理上的作用发挥。在本研究的实地调研中，也发现"村改居"社区主要负责人对业主委员会的职能定位还较模糊，有的甚至认为业主委员会和居民代表大会是重复的。即使业主委员会提出了增设社区健身器材和组织社区健身活动的建议，但也需要经过社区居委会的同意，难以直接对物业公司提出相应要求。而且，业主委员会的议题大多与社区房屋修缮和环境维护有关，涉及公共体育服务的议题很少。比如，在问及"社区目前有没有成立业主委员会，其在公共体育服务治理中的作用如何"时，部分"村改居"社区主要负责人的回答如下：

> 目前还没有成立业主委员会，因为"村改居"后，社区里的业主有的搬进来住了，有的搬到其他社区住了，但房子还是他的，所以成立起来也比较困难。感觉作用也不是很大，已经有居民代表大会了。（XK，陕西省西安市N社区党委书记、居委会主任）

> 社区有业主委员会。居委会这边会收集一些业主委员会的意见，这其中也会涉及在社区安置健身器材与组织健身活动方面的一些建议。居委会会综合考虑这些建议，根据经费情况落实相关工作。（LQL，重庆市南川区D社区党委书记）

我们社区在 2012 年根据街道那边的倡导成立了业主委员会。我也是业主委员会的成员，还有一名居委会的成员也在业主委员会里面，这样便于居委会与业主委员会的沟通。业主委员会讨论的议题大多与房屋修缮和环境维护有关，涉及体育工作的议题不多。（SQ，浙江省嘉兴市 L 社区党委书记、居委会主任）

从访谈中可以看出，业主委员会对于维护业主的权利，培养居民的自治意识，监督物业服务公司的服务质量，保障社区居民的公共利益，构建社区共同体具有积极的意义，然而与普通城镇社区业主委员会拥有较高的自治权、监督权以及扮演着社区公共事务治理"三驾马车"之一的重要角色相比，"村改居"社区业主委员会受居委会的干预较大，难以对物业公司进行监督，也难以代表业主参与社区重大事务的决策，角色处于被边缘化的状态，这在较大程度上弱化了其在公共体育服务治理上的作用发挥。

第三节 公共体育服务现行治理结构及问题

治理结构一词最早始于对公司治理的研究，随后被运用到政治学、社会学与管理学等领域，它主要是指治理主体之间的关系及其所呈现出的相对稳定的形态（沈费伟，2018）。按照结构功能主义的理论，治理结构往往决定着治理模式功能的发挥（张翼，2019）。目前，理论界基于不同研究视角与目的，对治理结构的类型划分呈现出多样化的趋势，主要包括以下三种：第一种侧重于从横向层面上探讨不同治理主体之间的关系，将治理结构划分为单中心治理结构与多中心治理结构（郁俊莉 等，2018）；第二种侧重于从纵向层面上探讨不同治理主体之间的关系，将治理结构划分为垂直型治理结构与扁平化治理结构（王颖，2014）；第三种侧重于从横向、纵向两个层面统合性探讨不同治理主体之间的关系，将治理结构划分为碎片化治理结构与整体性治理结构（李祥 等，2018）。结合文献梳理以及实地调研，本研究认为"村改居"社区公共体育服务的现行治理结构主要呈现为单中心、垂直型以及碎片化三个方面的特征。

一、公共体育服务的单中心治理结构

传统的官僚制行政范式认为政府是公共服务的直接供给者，也是处理公共事务的唯一主体，这事实上导致了政府垄断下的公共服务供给单一、低效等问题，无法满足居民多元化的公共服务需求，一定程度上导致了政府权力膨胀以及寻租现象的频发。在此背景下，《自由的逻辑》一书（博兰尼，2002）[142-199]中将组织社会和人的秩序划分为单中心秩序和多中心秩序。其中前者主要形成于一体化的命令，以及上下级间"指挥与服从"的权力向度；后者则主要形成于为平衡彼此间的利益而相互产生影响的多个主体。以奥斯特罗姆夫妇为代表的印第安纳学派积极吸纳了这一思想，并对多中心治理理论作了进一步的拓展与深化。多中心治理理论基于竞争性与排他性的属性特征将公共服务划分为纯公共服务和准公共服务两大类，并认为在实际生活中具有一定排他性或竞争性的准公共服务更为常见，这使得多个主体以契约形式提供公共服务、处理公共事务成为可能，从而跳出公共服务政府垄断供给的单中心治理思路（杨宏伟，2013）[15]。根据多中心治理理论，在公共服务的治理结构中，治理主体应该包括政府、社会组织、市场组织、居民等主体，而且治理主体间的关系应当是相对平等的协商、合作与竞争关系（郁俊莉 等，2018）。

从本章第二节对"村改居"社区公共体育服务现行治理主体的分析中可以看出，由于"村改居"过程主要是由政府推动的，导致"村改居"社区党组织以及居委会成为承接地方政府各项行政事务的"腿"，由原本的基层自治组织嬗变为"准政府"组织，在公共体育服务的治理上更多地是听命于上级政府的指令，缺乏自治权。作为地方政府公共服务事务下沉到"村改居"社区的服务站，以及由地方政府及其相关职能部门创办的公益性服务机构，由于在人员聘任与经费投入上受地方政府及其相关职能部门的控制，也更多地扮演着执行者的角色，难以根据"村改居"社区居民的特点与需要，因地制宜地提供公共体育服务。作为扎根于"村改居"社区的社会组织，体育健身类社团受双重管理制度、注册门槛偏高、培育扶持政策单一化与形式化等因素的制约，整体上处于"数量少、活力弱"的现状，而且面临着场地、经费与人员紧缺的多重挑战，难以在"村改居"社区公共体育服务治理上发挥应有的作用。具有市场组织性质的

"村改居"社区原村集体经济组织由于改制与转型不彻底，仍存在产权不清晰、管理权受到社区"两委"掣肘，以及承担了过多居民福利的问题，整体的营收状况一般，使得其投入到"村改居"社区公共体育服务上的资金十分有限。同样具有市场组织性质的"村改居"社区物业公司也面临着物业服务费定价偏低、物业服务费拖交与欠交严重以及受街道办事处和居委会干预较多等现实问题，导致其营收状况不理想、专业化水平不足、自主权弱化，难以作为市场组织真正承接政府、社区居委会或原村集体经济组织委托下来的公共体育服务。作为居民利益代表的重要团体，"村改居"社区业主委员会受居委会的干预较大，难以对物业公司进行监督，也难以代表业主参与社区重大事务的决策，角色处于被边缘化的状态，这在较大程度上弱化了其在公共体育服务治理上的作用发挥。

如图3-2所示，在"村改居"社区现行公共体育服务治理结构中，政府及其相关职能部门处于主导地位，掌握着公共体育服务供给的大部分资源，"村改居"社区党组织与居委会也嬗变为"准政府组织"，其他社会组织、市场组织以及居民利益代表团体要么处于被同构化的状态，要么处于被管制的状态，要么

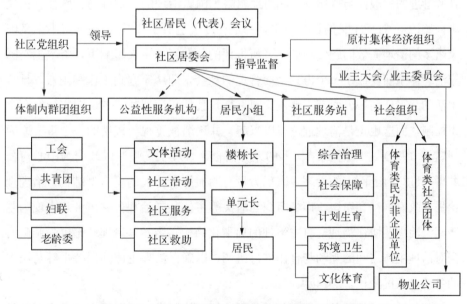

图3-2 "村改居"社区公共体育服务现行治理结构

资料来源：(杨贵华，2014b)[54]。①

---

① 根据杨贵华的《转型与创生："村改居"社区组织建设》（社会科学文献出版社，2014）一书中第54页所列的我国多数城市社区组织架构图进行了针对性设计与调整。

处于被边缘化的状态，在"村改居"社区公共体育服务治理中的作用发挥很有限，难以与政府及其相关职能部门形成相对公平的协商、合作与竞争关系。这事实上导致了"村改居"社区公共体育服务治理结构横向层面的单中心化，仍难以克服政府垄断下的公共体育服务供给单一、低效等问题。

二、公共体育服务的垂直型治理结构

管理与治理虽仅有一字之差，但其内涵却有着本质性区别。管理主义最早始于企业管理的相关理论，所以它在本质上遵循"理性经济人"的假设，认为管理行为本身就是一种经济行为，强调可计算、可操作以及有效性等工具理性价值导向（岳经纶 等，2018）。管理主义的行为逻辑使国家治理表现为管理至上的简单化倾向，主要表现为：一是强调政府对公共事务进行全方面管理，相对地忽略了国家治理的服务导向；二是热衷于采取标准化、程序化、指标化的方法对公共事务进行数字化管理，相对地忽略了现代国家治理的复杂性；三是强调管理的一般性与普遍性，相对地忽略了国家治理的个别性与特殊性（霍建国，2019）。管理主义的行为逻辑，一定程度上造成了20世纪晚期资本主义国家诸多的治理失效问题。正如学者所批评的，在管理主义影响下，资本主义国家治理体系演变成了一个得到全面管理的社会，即从家庭到工作和闲暇，日常生活的几乎任何一方面都不能避免国家行政官员和计划制定者试图实行的有意识控制，而这也正是治理理论得以兴起，并逐渐被重视与接纳的一个重要原因（基恩，1999）[16]。具体到结构上的差异而言，管理主义强调以政府为中心对公共事务进行自上而下的管理，表现为带有明显层级特征的垂直型结构；治理理论强调政府、社会组织、市场组织与居民等主体共同治理公共事务，表现为基于网络治理、协作治理与自主治理的扁平化结构。当然，治理理论也强调政府需对治理主体之间的互动与合作进行协调，以确保治理主体间保持平等与民主的关系（人民论坛，2014）[94]。

正如前文所论述的，我国目前的行政管理体制在实际运行中常态采用的是逐级代理制，即中央及各级政府将属地管理的事权一揽子交付给下一级政府，而且将下一级政府官员的任命与考核委托给上一级部门（周雪光，2017）[30]。同时，通过纵向层面的行政发包制以及横向层面的政治锦标赛、政治淘汰赛，自上而下地实现对经济发展、社会治安、公共服务等事务的总体性控制（周黎安，2014），这其实是管理主义的行为逻辑。这种行为逻辑基于纵向的科层制体系以及"条块"结构（如图3-3所示），形成了我国"村改居"社区治理的垂直型治理结构，即在"块块"上主要是从中央政府→省（市）政府→市（区）政府→区（县）政府→街道办事处→社区居委会（已嬗变为准政府组织）；在"条条"上主要是从国家层面的职能部门（民政部、文化部、体育总局等）→省（市）层面的职能部门（民政厅、文化厅、体育局等）→市（区）层面的职能部门（民政局、文化局、体育局等）→区（县）层面的职能部门（民政局、文体局等）→街道办事处层面的职能部门（民政所、文体站等）→社区层面的承接机构（社会服务站、公益性服务机构等）[①]。

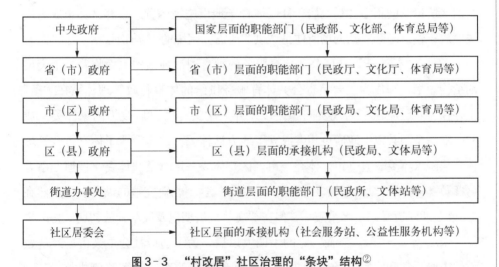

图3-3 "村改居"社区治理的"条块"结构[②]

受"村改居"社区整体治理结构的影响，其公共体育服务治理结构也呈现出垂直型的特征。需要指出的是，"村改居"社区公共体育服务垂直型的治理结构虽然有助于政府自上而下地对社区公共体育服务进行纵向治理，但其也存在较多的弊端：一是由于垂直型治理结构在具体运行中主要采用行政发包制，导

---

① 条块关系是我国行政管理体制中基本的结构性关系，它在纵横两个层面影响着政府的权力划分与运行架构。"条条"是指从中央到地方各级政府业务内容和职能范围相似的组成部门；"块块"是指各层级政府内平行的各个组成部门。具体可参阅：陶振，2015. 基层治理中的条块冲突及其优化路径[J]. 理论月刊，1：100-106.

② 在省（市）政府层面、市（区）政府层面、区（县）政府层面、街道办事处层面以及社区层面对不同的职能部门或承接机构有不同的称谓，这里所列出的大都是较为常见的称谓。

致处于垂直型管理结构末端的"村改居"社区党组织、居委会事务繁杂,但其人员设置又受到地方政府的严格限制,在"人少事多"的状态,往往会采用简单、敷衍的方式,甚至通过虚列数据、形象工程等手段完成上级政府委派下来的公共体育服务指标与任务,较大程度上导致了公共体育服务资源的低水平浪费;二是在垂直型治理结构中,政府处于主导地位,这也较大程度上限制了"村改居"社区体育社会组织、市场组织的发展以及居民利益代表团体的自治权,使得其难以在"村改居"社区公共体育服务治理中发挥出应有的作用,相对提高了政府公共体育服务的治理成本;三是在垂直型治理结构中,政府往往会采取标准化的方式提供公共体育服务,相对地忽略了"村改居"社区居民公共体育服务需求的差异性,容易造成公共体育服务"供非所需"的困境。本研究前文所论及的很多"村改居"社区体育场地设施被闲置或废弃,甚至成为居民停放车辆或晾晒衣物的场所便是"供非所需"困境的现实印证。

此外,"村改居"社区公共体育服务的垂直型治理结构也面临着一个突出的结构短板,即作为主要负责公共体育服务供给的体育行政管理体系在"条"上存在"基层淹没"的现实问题。1952 年,中央体委(后改为国家体委)成立,随后全国县以上政府也相继成立了地方性体委,逐步形成了体育行政管理体系从国家体委→省(市)体委→市(区)体委→区(县)体委→街道办事处(乡镇)体育站的纵向层级(韩丹 等,2009)。这一相对完整的纵向层级虽然在"文革"期间遭受到了严重破坏,但在"文革"后期以及改革开放初期又得以恢复(朱珊 等,2013)。然而,党的十四大以后,为了适应社会主义市场经济建设的需要,党和国家开始大力推进行政管理体制改革,精简政府机构。1998 年,在国务院机构改革中,决定将"国家体育运动委员会改组为国家体育总局,与中华全国体育总会一个机构两块牌子。"(国务院公厅,1998)在此背景下,很多省市为了缩减机构规模,将区(县)级政府体育部门合并至文化、教育等部门,街道办事处(乡镇)的体育管理机构也相应合并至文化、教育等机构。据调查,仅江西省就有近 75%的县级体育部门被合并,合并后人员、经费也受到不同程度的削减(詹新寰 等,2018)。这其实就造成了体育行政管理体系纵向层级的"基层淹没"问题,使得体育发展指令的执行经常性地停留在区(县)层级,而不能在街道办事处(乡镇)得到较好地执行(马德浩,2018a)。体育行政管理体系纵向层级的"基层淹没"问题,也严重限制了"村改居"社区公共体育服务的有效治理，致使居民更多地是自发参与体育锻炼，缺乏组织性与科学性。

三、公共体育服务的碎片化治理结构

由于以威尔逊的政治、行政二分法以及韦伯的科层制为基石的传统公共行政过度强调政府内部机构的职责分工以及层级管制，致使政府部门间缺乏相应的协同，部门的本位主义思维盛行；而以管理主义以及市场化为导向的新公共管理则由于过度强调单一政策或部门的成本与效益而相对地忽略了部门间的关联以及政策的协同，这就形成了政府内部各部门间分割以及各地方政府间分割的"碎片化"的结构问题（唐兴盛，2014）。20世纪90年代末，英国、美国、加拿大等西方发达国家在新公共管理之后又推进了新一轮的政府改革，用以解决传统公共行政所导致的科层制弊端，以及新公共管理所导致的碎片化弊端（孔娜娜，2014）。结合各国政府的改革经验，以佩里·希克斯为代表的学者提出了整体性治理的理论。整体性治理理论强调以公民需求为导向，强调信息技术的运用，以协调、合作、责任为主要机制，重视政府各部门职能间的耦合、结构间的整体性、治理秩序的清晰明了，进而破解政府职能分散、结构碎片化及治理失序等问题（李祥 等，2018）。

改革开放以来，随着我国社会事务的日益多元与复杂，以功能性分工为原则构建的政府科层制规模不断扩大。在此背景下，政府部门分工更加精细、专业化程度也更强。这一方面提升了政府部门治理的精细化、专业化程度；另一方面也带来了部门间技术壁垒增大、信息不对称，以及部门间横向联系不足等问题（尹浩，2019）[85]。目前，我国"条"与"块"的关系主要有三种：一是一级政府内各职能部门之间的关系（"条条"间的关系）；二是上下级政府之间的关系（"块块"间的关系）；三是上级政府职能部门与下级地方政府之间的关系（"条块"间的关系）（陶振，2015）。在实际运行中，"块块"间的关系相对容易理顺，毕竟下级政府党政负责人的任命权主要掌握在上级政府手中。比较难理顺的是"条条"间的关系以及"条块"间的关系。其中，"条条"间的关系难以理顺，关键在于一级政府内各职能部门主要接受上一级政府相应职能部门的领导，甚至任命权也掌握在上一级政府相应职能部门的手中。这其实就导致一级政府内各职能部门往往更听命于上一级政府的相应职能部门而不是本级政府，这也使得本级政府在协调各职能部门关系上缺乏足够的权威，进而出现了各职能部门之间割裂式运行、缺乏足够协同的现状。"条块"之间的关系难以理顺，主要在于上一级政府的职能部门常常以代表上一级政府的角色出现，这导致上一级政府的职能部门与下一级政府之间不仅是业务上的指导关系，更是一种管理与被管理的领导关系。换句话说，我国地方政府的运行更多地表现为"块块"缺失下的自上而下的"条条"运作，"块块"制约不了"条条"，"条条"却能反制"块块"（尹浩，2019）[84]。可见，"条条"间的割裂式运行，以及"条块"间关系的相互牵制，共同导致了我国地方政府公共服务治理结构的碎片化现状。

具体到"村改居"社区公共体育服务治理上，近年来与公共体育服务供给相关的民政部门、文化部门、体育部门等"条条"按照党和国家"加强社区治理体系建设，推动社会治理重心向基层下移"（习近平，2017）的要求，纷纷在"村改居"社区建立了相应的社会服务站、老年大学、综合性文化服务中心、体育健身站点等机构，将包括体育在内的公共服务延伸至"村改居"社区，并实行垂直型的项目推进与经费下拨，一定程度上提高了包括体育在内的公共服务供给的顺畅性与可达性。然而，这种强化"条条"权能的做法也会带来一些负效应。一是"条条"的权能变大，加深了"条条"与"块块"权能间的失衡，进一步弱化区（县）政府、街道办事处对其内部各职能部门的协调与整合能力。具体到"村改居"社区而言，就是进一步加深了社区党组织与居委会的行政化倾向，使其成为承接各类项目与任务的"筐"，形成了"人少事多、疲于应付"的现状，难以根据社区实际进行有效的公共体育服务治理，更多地停留在表面完成甚至敷衍的层面。二是"条条"的权能增大，一定程度上助长了"条条"的部门主义倾向，加之相应的协调与整合机制未及时建立与跟进，导致"条条"间割裂式运行的现状加深。具体到"村改居"社区而言，就是民政部门、文化部门、体育部门均有相应的与公共体育服务相关的项目与经费下拨下来，但很多公共体育服务项目是重复的、低水平的，并没有得到较好的整合与分配，也缺乏对社区居民公共体育服务需要的调研与了解，往往造成公共体育服务供给低水平重复以及供非所需的困境。三是虽然"条条"的权能增大了，但对于广大居民而言，其主观认定的权威主体往往是地方政府而不是相应的职能部门或其延伸机构，这就造成了"条条"权能虽大，但真正往下推进包括体育在内的公共服务时，却又难以得到居民认可或配合的实施困境。具体到"村改居"社区而言就是，虽然民政部门、文化部门、体育部门等在社区建立了相应的公益性服务平台，以延伸其包括体育在内的公共服务治理链条，然而"村改居"的社区居民更认可社区党组织与居委会的权威，对于这些公益性服务平台的权威认可度相对较低，对于参与这些公益性服务平台所提供的体育活动与健身指导的积极性也不高，一定程度上使得这些公共体育服务供给打了折扣。

第四节 公共体育服务现行治理机制及问题

机制是指一个工作系统的组织或部分之间相互作用的过程和方式（胡刚，2019）[17]。治理机制是指在治理体系中各主体之间相互作用的过程和方式。对于公共体育服务治理模式而言，治理机制更多地指向操作层面，具体是指各个治理主体基于相互关系以及相互作用，为了实现公共体育服务供给的目标所采取的行动策略。当然，不同的治理主体为了实现公共体育服务供给的目标，所采取的行动策略也有差异，甚至同一个治理主体也会采取不同的行动策略。"村改居"社区公共体育服务的现行治理机制主要包括项目制机制、网格化机制、法治机制、非正式制度机制、志愿机制等。

一、容易流于形式的项目制机制

在我国科层制的行政管理体系框架内，"任务"是一个关键词，正如前文所谈及的行政发包制，它在很大程度上是依靠任务的层层发包、转包以及承包来实现的。而且，由于一些任务采取的是"一票否决制"的评价方式，所以各级政府实际上是在压力型的任务传导机制下运行的。在压力型任务传导机制的迫使下，地方政府对于介于"硬指标"和"约束性指标"之间的"软指标"比如教育、医疗、社会保障、文化、体育等公共服务，容易出现资源配置扭曲和供给不足的情况。为了解决压力型任务传导机制所导致的基层政府在自上而下的政策执行过程中可能出现的"偏差"或"共谋"行为，中央政府往往会采取运动式治理的手段对此进行"纠偏"，比如整治小金库、整顿金融市场、反腐行动等（马德浩，2019e）。运动式治理的最大特点是暂时叫停原官僚制的常规过程，以政治动员过程替代之，以便超越官僚制的组织失败，达到纠偏、规范边界的意图（周雪光，2017）[37]。运动式治理在实际操作中，尤其是在对公共服务治理的实际操作中，往往是以项目制来推进的。所谓项目制是指一种事本主义的动员或组织机制，即基于事情的内在逻辑，在限定时间以及资源等约束性条件下，通过特定的组织形式来实现具有明确预期目标（某一独特产品或服务）的一次性任务（渠敬东，2012）。

项目制事实上是伴随着20世纪90年代的分税制改革而产生的。正如折晓叶等（2011）所指出的，在财权上移的背景下，政府财政经费的分配出现了依靠"条线"框架运行的另一种机制，即财政转移支付通过项目的形式，在行政层级的体制之外得以灵活处理，这些财政转移支付大部分由"条条"通过专项支付或项目资金自上而下地进行转移与流动，地方政府则需要根据项目的申请方式来拿到财政转移支付，近年来随着项目资金的规模增大，多数公共服务资金已专项化和项目化，这与中央政府所采取的多予、少取、放活的财政分配思路，以及治理方式向评价、考核、调控的转变密切相关。项目制的运行程序主要包括：第一步是中央政府根据公共服务的供给目的设定项目（类似于"发包"），包括章程、资金、时间周期等要素；第二步是由省（市）政府进行项目竞标（类似于"抓包"），竞标成功后省（市）政府有时也会给予相应的经费配套，并在项目的大框架内根据当地实际对项目进行一定的调整（类似于"打包"）；第三步是省（市）政府再通过竞争机制将项目分拨给市（区）政府（类似于"分包"）；第四步是由区（县）政府及其延伸机构、社会组织或市场组织进行项目实施（类似于"承包"）（李祖佩，2016）[5]。在整个过程中，资金跟着项目走，原则上要求专款专用。从项目制的运行程序上可以看出其与我国行政管理体系常态下实行的行政发包制存在相似之处：一是都以科层制为运行基础；二是都存在从"发包"到"抓包"再到"打包"的过程；三是地方政府均有一定的自主权进行"打包"。

然而，项目制和行政发包制又存在一些重要区别。首先，项目制引入了竞争机制，并不是每个地方政府都能顺利地拿到中央政府的项目与经费，这对于地方政府有较大的激励机制，迫使其要拿出高质量的项目申请方案以及适当增加配套经费；而行政发包制却更多地是以任务的形式往下"发包"，带有强制性的特点,是必须完成的,当然它也会通过横向层面的政治锦标赛对地方政府进行激励,但更多地是对地方主要官员进行激励。其次,项目制在具体的实施过程中将社会组织、市场组织积极吸纳进来,鼓励其与区(县)政府及其延伸机构进行竞争。这一方面有助于壮大社会组织与市场组织的力量;另一方面也有利于激励区(县)政府及其延伸机构更好地完成项目,从整体上提升公共服务的供给质量。而行政发包制多在科层制体系内运行,竞争也多为同级政府之间的竞争,社会组织与市场组织难以参与进来。最后,项目制以项目的形式进行推进,其框架设计、经费数量以及预期目标较为具体、明确,地方政府虽然可以根据实际情况对其进行一定的调整,但调整的空间较为有限,很大程度地减少了诸如教育、文化、体育等"软指标"公共服务经费被地方政府挪为他用的可能。而行政发包制主要以"硬指标"和"约束性指标"对地方政府主要官员进行约束,对财政经费使用具有较大的调整空间,容易造成如教育、文化、体育等"软指标"公共服务经费被挪为他用的可能。

近年来,"项目制"在体育治理中的运用也日益凸显。据国家体育总局公布的年度部门决算数据显示,2015~2019 年,项目支出的额度由 233 632.78 万元增长至 533 947.86 万元,项目支出占年度总支出的比重由 55.61%增长至 62.13%。可以看出,不管是项目支出的额度,还是项目支出占年度总支出的比重,总体上均呈增长态势。具体到公共体育服务治理而言,国家体育总局在财政资金使用上设置了群众体育专项项目,旨在促进公共体育服务体系建设,丰富全民健身活动。此外,还设置了小篮球项目、社区健身中心设施项目等与公共体育服务相关的项目。以国家体育总局 2019 年的部门项目支出为例,群众体育专项项目的执行额度为 5 747.51 万元,小篮球项目的执行额度为 4 308.85 万元,社区建设中心设施项目的执行额度为 1 734.78 万元。

公共体育服务的项目制供给对于构建覆盖面更广、功能更加健全的公共体育服务体系,推动公共体育服务的均等化起到了重要的作用。据统计,2017 年,我国全民体育健身设施数量已达 195.70 万个,人均体育场地面积上升至 1.66 平方米,全国各市、县、街道(乡镇)、社区(行政村)的全民体育健身设施已普遍存在;体育健身组织网络也逐步完善,正式登记的体育组织数量增幅达到 10.86%,县级以上体育总会的覆盖率上升为 72%,平均每万人拥有的全民健身站点数量增加至 3 个;体育健身指导队伍规模继续扩大,社会体育指导员、职业社会体育指导员、游泳救生员的数量目前已分别达到200万人、21万人、18.40万人;体育健身指导服务持续开展,目前已覆盖45个地市,惠及22万名居民;体育健身赛事活动频繁开展,仅2017年"全民健身日"前后就举办了近3300场活动,参与人数超过9000万人;通过全民健身征文、影像与音乐创作等活动,广泛传播体育健身文化(王学彬 等,2019)。

具体到"村改居"社区的公共体育服务治理上,在本研究实地调研的"村改居"社区中大都拥有通过项目制形式建设的体育场地设施,部分社区拥有通过项目制形式提供的体育健身指导服务以及体育健身赛事服务,这说明项目制在改善"村改居"社区公共体育服务供给上确实起到了一定的作用。项目制也一定程度上避免了专项公共体育服务经费被地方政府变相转移的可能。比如,在运动休闲特色小镇建设试点项目上,就明确对纳入试点的小镇一次性给予一定的经费资助,用于建设完善运动休闲设施,组织开展群众身边的体育健身赛事和活动;而且国家体育总局运动项目管理中心(项目协会)还将向各小镇提供体育设施标准化设计样式,配置各类赛事资源;国家体育总局也会在其官方网站上定期公布项目支出的绩效自评信息,包括项目经费执行情况、预期目标及其实际完成情况、绩效指标及其实际完成情况(如产出指标、效益指标和满意度指标)等,以保障项目经费的专款专用与绩效产出。此外,项目制为体育社会组织、市场组织参与"村改居"社区公共体育服务治理提供了一定的机会,对于培育扎根社区的体育社会组织和市场组织起到了积极的促进作用。比如,国家体育总局在《智慧社区健身中心建设试点工作方案》将通过引入市场机制以及支持专业公司参与智慧社区健身中心建设和运营,对政府与社会合作建设运营社区健身中心的模式进行深入探索作为智慧社区健身中心建设试点项目的工作目标,不仅有助于吸引体育社会组织、市场组织参与智慧社区健身中心建设,也有助于提高其承接政府购买服务的能力。

然而,项目制在"村改居"社区公共体育服务治理中也存在一些现实问题。一是由于项目制多由中央政府及其职能部门进行"发包",为了避免项目到达基层时出现形式走样或资金被挪用的情况,往往会强调项目的标准化设计与经费的专款专用。具体到公共体育服务治理上,表现为标准化的体育健身器材与体育健身指导服务。以全民健身路径的项目建设为例,所安置的体育健身器材主要包括太空漫步器、太极云手、上肢牵引器、扭腰器、压腿杠等,标准化的体育健身器材安置使得全国城镇社区的全民健身路径大同小异。然而,这种"一刀切"式的项目建设往往忽略了不同区域、不同性别、不同年龄、不同阶层人群的体育健身需求差异,导致体育健身器材的使用率相对偏低,也难以满足居民的多元化需求,甚至出现如图3-1所示的"村改居"社区体育健身器材被闲置或挪为他用的情况。二是项目制带有运动式治理的特点,即短期内暴风骤雨般地强势而为,注重短期绩效而非长久发展。而且,项目制得以推进的前提是中央政府及其职能部门有这方面的治理意愿与财政经费,如果治理意愿出现弱化或财政经费出现短缺,都会导致项目建设的搁浅或者后续项目建设的滞后,这其实也是导致项目制缺乏稳定性与可持续性的重要致因。比如,在"村改居"社区的全民健身路径建设上,存在"一次性消费"的倾向,往往是短期内安置一些体育健身器材或建设一些体育场地,然而后续的体育健身器材或体育场地的维护却没有得到跟进,致使一些体育健身器材或场地因缺乏维护而难以使用,进而造成了公共体育资源的浪费。三是项目制在整体运行上是基于"一竿子插到底"的治理逻辑,标准化的公共体育服务供给项目到达"村改居"社区时,留给社区党组织和居委会根据社区实际进行调整的空间非常有限,两者更多地扮演着"听哨者"的角色,只能被动接受。在本研究的实地调研中也发现,有些"村改居"社区为了配合政府推进全民健身路径建设,会把一些体育健身器材安置在社区比较偏僻的角落,导致一些居民甚至不知道体育健身器材安置在哪里,即使知道也不愿绕远去使用。此外,公共体育服务的项目制供给由于相对忽略了社区党组织和居委会的作用发挥,导致其积极参与社区公共体育服务治理的主动性被弱化,难以形成有效的公共体育服务治理制度嵌入,这其实对构建多元主体参与的社区公共体育服务治理模式也是一种限制。四是项目制在具体的运行中由于采取了竞争机制,并且鼓励地方政府给予配套经费,这其实也会造成"强者越强、弱者越弱"的马太效应。即一些经济发达、财政经费充足的地方政府因为其在申请项目时许诺给予更多的配套经费,因此也就越有可能"抓包";而一些经济欠发达、财政经费短缺的地方政府则常常会因为没有给予配套经费或配套经费少而难以"抓包"(折晓叶等,2011)。这种马太效应同样存在于地方政府往下"分包"的竞争过程,这其实也拉大了公共服务的区域差异。据《体育事业统计年鉴(2017年度数据)》的数据显示,东部地区的全民健身路径数量以及获得技术等级称号的社会体育指导员数量整体多于中部、西部地区（国家体育总局体育经济司，2018）[246]。在本研究的实地调研中也发现，东部地区"村改居"社区全民健身路径的建设情况相对优于中部、西部地区的"村改居"社区，上海市青浦区 H 社区就是本研究实地调研的"村改居"社区中全民健身路径建设质量最好的社区。

二、尚在探索中的网格化机制

20 世纪末期，随着现代信息技术的发展，强调技术治理逐渐成为欧美发达国家日益倡导并实践的治理导向。随着单位制的消解，社区制成为我国城镇治理的基本单元。然而，在从单位制向社区制转变的过程中，政府在社区治理上也存在权责过剩，社区党组织与居委会自治能力相对不足，难以承担单位制转移出来的治理任务的困境。为破解该困境，推进社会治理重心向基层下移成为必然之举，其本质是通过体制内权责下移以及优化来推进社区治理的精细化，这其实也是社区治理网格化机制产生的现实背景。所谓社区治理网格化机制，是指以数字化、信息化为手段，以街道办事处、社区、网格为区域范围，以城镇部件、事件为治理内容，以处置单位为责任人，通过城镇网格化信息平台，实现市区联动、资源共享的一种治理机制（吴晓燕 等，2016）。我国社区治理网格化机制始于北京东城区创建的"万米单元网格管理新模式"，在取得成效后，逐步在全国推广，适用范围也随之扩展到社区综合治理、安全监管以及计生服务等领域。对此，党的十八届三中全会提出"坚持源头治理，标本兼治，重在治本，以网格化管理、社会化服务为方向"，"及时反映和协调人民群众各方面各层次利益诉求"（中共中央，2013）。中共中央、国务院印发的《关于加强和完善城乡社区治理的意见》也强调"拓展网格化服务管理"，"促进基层群众自治与网格化服务管理有效衔接"（中共中央 等，2017）。

在本研究实地调研的"村改居"社区中，均引入了网格化机制。如图 3-4 所示，具体到"村改居"社区治理实践中，通常是将社区划分成若干片区（如果社区规模较小则一般不划分片区），在片区下设置若干网格（一般以一栋楼为一个网格），每个网格设一名网格长、几名网格员以及一名联系干部（在实际运行中网格长一般由社区"两委"成员兼任）。网格长、网格员负责对网格内的居民诉求以及存在的问题进行具体化、跟踪式、全时段的服务与治理,在运行流程中主要包括信息收集、甄别立案、任务派遣、任务处理、结果反馈、评估结案等环节,进而实现及时发现问题、解决问题的治理目标(侯利文 等,2014)。

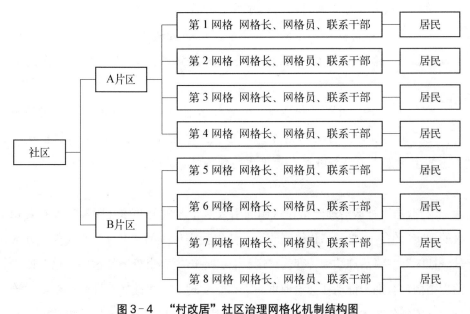

图3-4 "村改居"社区治理网格化机制结构图

下面以安徽省合肥市T社区为例,对其网格员的职责进行介绍。

社区网格员工作职责[①]

社区网格员,是在一个社区的网格化管理组织中承担具体任务的工作人员。社区网格员要全面熟悉掌握各部门各项服务工作流程,认真履行"五大员"工作职责。

一、"信息员"工作职责:掌握所辖网格区域内的户籍人口、常住人口、流动人口等基础信息,及时地将各项信息上报社区各部门,及时反馈社情民意,当好社区工作的信息员。

二、"服务员"工作职责:及时接收、传达居民群众所需的各项计生、社保等专项业务办理以及办事流程等。及时将办好的各种服务证

---

① 该文件获取于安徽省合肥市T社区居委会,文件印发日期为2017年2月15日。

件送达居民手中，当好社区居民的服务员。

三、"监管员"工作职责：积极协助社区民警做好辖区秩序的维护工作，发现危害社会稳定的行为要及时上报社区和派出所，同时做好劝导、教育工作，当好社会秩序的监管员。

四、"接待员"工作职责：要掌握所辖区域内的社情民意，并及时向社区、各部门反馈辖区内重大社情民意，当好信访稳定工作的接待员。

五、"宣传员"工作职责：引导社区居民开展移风易俗，落实计划生育工作目标，将文明创建工作当作经常性工作任务，提倡积极健康的生活方式，当好社区各项工作的宣传员。

"村改居"社区治理网格化机制的引入对于改善公共体育服务治理有着积极的现实价值。一是网格化机制的引入使得我国传统的"区（县）→街道办事处→社区"三级治理结构转变为"区（县）→街道办事处→社区→网格"四级治理结构，有助于推动社会治理重心下移，实现对"村改居"社区的精细化治理。具体到公共体育服务治理上，就是有助于将公共体育服务供给更精准地交付给居民，同时也有助于收集居民的公共体育服务需求，并将其反映给社区、基层政府及其相关职能部门，一定程度上改善目前公共体育服务治理过程中所存在的供给与需求信息不对称的问题。二是网格化机制的引入有助于打破传统的行政管理体系所存在的条块分割、各自为政、推诿扯皮等弊端，其本质是事权下放，鼓励社区对公共服务资源进行整合（田毅鹏，2012）。具体到公共体育服务治理上，就是有助于民政、文化、体育等政府职能部门提供的与体育相关的公共服务在网格这个"结点"上进行整合，一定程度上避免条块分割所带来的公共体育服务供给低水平重复以及资源浪费等问题。三是网格化机制的引入有助于破解传统的行政管理体系所存在的管理与评价不分的问题，即将原本分散的社区管理权责下放到网格，明确了网格负责人的工作职责与任务，有助于构建有效的评价机制（韩浩 等，2011）。具体到公共体育服务治理上，就是明确了网格内公共体育服务治理的负责人，通过对负责人的考核与评估，可以督促其更好地推进网格内的公共体育服务供给。四是网格化机制的引入有助于破解社区治理主体单一的困境，因为网格内存在多种治理主体（比如以街道办事处工作人员为代表的政府力量、以社区工作者为代表的社区自治力量以及社区党员和社区志愿者等）（田毅鹏，2012）。具体到公共体育服务治理上，就是网格为多元治理主体提供了一个互动与合作平台，有助于推动社区公共体育服务多元主体共治格局的构建。

"村改居"社区治理网格化机制的引入也有一定的局限性。一是网格的编织与设置以及网格员的聘用一定程度上增加了地方政府以及社区的财政压力，因为地方政府与社区的财政收入是相对固定的。在这种背景下，势必会影响到地方政府与社区投入到公共体育服务上的经费。二是虽然引入网格化机制的初衷之一是促进社区多元主体的互动与合作，也试图在网格内积极吸纳居民参与社区事务的决策，然而网格化机制的引入毕竟是政府主导的，仍带有较为浓厚的行政色彩，网格长以及网格员在实际的公共体育服务治理中也更多地扮演着执行者的角色。而且对于网格员的聘用，地方政府有着更大的权力，网格员更多地听命于地方政府及其职能部门，而不是社区"两委"成员，这在一定程度上弱化了社区"两委"的权威，相对地压缩了社区"两委"对社区公共体育服务进行自治的空间。三是作为政府下沉到社区的"腿"，网格化机制的引入在一定程度上强化了政府的权责，政府权责的膨胀有可能会压缩社区体育社会组织、市场组织的发育空间，进而对社区公共体育服务多元主体共治格局的构建形成掣肘。四是在推动社会治理重心向基层下移的大背景下，社区网格日益成为各类任务下载以及最终完成的单元，甚至复制了社区居委会目前所存在的"上面千条线、下面一根针"的困境，网格员也逐渐被戴上了"信息员""服务员""监管员""接待员""宣传员"等帽子，在"人少事多"的现状下，他们只能对网格内的民意收集以及公共体育服务治理做简化处理或敷衍了事，在一定程度上弱化了其原本应发挥的作用（孙柏瑛 等，2015）。

三、"嵌入不能"的法治机制

法律是治国之重器，良法是善治之前提。中华人民共和国成立后，党和国家积极推进法治建设，初步构建了以《中华人民共和国宪法》为主体的法律法规体系。然而，改革开放前，我国在社会治理上仍带有较浓厚的人治色彩。改革开放后，我国逐步由计划经济向社会主义市场经济转型，在社会治理上也逐步由人治转向法治，并基本构建了适应社会主义市场经济的法治框架（马德浩，2018a）。党的十八大以来，我国经济逐步进入中低速增长的新常态，如何转型发展成为更为迫切的现实需求，加之社会阶层分化加剧以及阶层冲突增多，均需要国家构建更有利于促进经济发展、保障社会公平的法治秩序，这其实也是党的十八届四中全会提出"全面推进依法治国"重大战略的现实背景所在。对此，党的十九大指出"全面依法治国是国家治理的一场深刻革命"（习近平，2017）。党的十九届四中全会也强调"加快形成完备的法律规范体系、高效的法治实施体系、严密的法治监督体系、有力的法治保障体系"，"全面推进科学立法、严格执法、公正司法、全民守法，推进法治中国建设"（中共中央，2019）。

我国在体育治理上也经历了从人治向法治转变的过程。1954年颁布的《中华人民共和国宪法》虽有涉及体育发展的描述，但描述较为宏观，难以起到实际的法治保障作用。改革开放后，随着我国法治建设的加强以及融入国际体育大环境发展的需要，体育法治建设的步伐逐步加快。比如，1995年通过了《中华人民共和国体育法》，这也是我国历史上首部针对体育发展的专门性法律，对体育法治化建设起到了较大的促进作用。随后，又相继出台了《公共文化体育设施条例》《彩票管理条例》《全民健身条例》等行政法规。据统计，我国目前的体育法律法规体系包括1部《中华人民共和国体育法》、7部行政法规、32部部门规章、200多件规范性文件以及近270多件地方性法规和政府规章（国家体育总局，2019）[166]。这些法律法规的制定较好地保障了公民体育权利、促进了体育事业的有序发展。

然而，具体到"村改居"社区公共体育服务治理上，仍存在"法制悬浮"的问题，即法律法规在社区公共体育服务治理上面临着"嵌入不能"的困境（金太军 等，2016）[85-128]。比如，党的十八届四中全会提出，"加快完善体现权利公平、机会公平、规则公平的法律制度，保障公民人身权、财产权、基本政治权利等各项权利不受侵犯"（中共中央，2014）。公民体育权利在本质上属于发展权的一部分，对于公民体育权利的确认与保障已写进了许多国家的宪法或体育法中。美国的《业余体育法》就规定"每个人具有从事体育运动的权利"，法国的《宪法》也指出"每位公民从事身体活动的权利不受基于性别、年龄、能力和社会地位的歧视"（张振龙 等，2008）[21]。据统计，全球有41个国家的成文宪法明确了公民体育权利（马德浩，2019d）。《联合国宪章》《世界卫生组织章程》也有与保障人类健康、促进体育发展相关的内容（于善旭，1998a）；《体育运动国际宪章》也规定"参加体育运动是所有人的一项基本权利"（于善旭，1998b）。然而，到目前为止，不管是《中华人民共和国宪法》还是《中华人民共和国体育法》，尚没有直接规定公民体育权利的条款，这其实也是导致"村改居"社区居民体育权利得不到较好保障的一个重要原因（姜熙，2015）。

再比如，我国目前很多体育法律法规的内容往往是宣示性、原则性条款，缺乏相应的奖惩措施与执行程序说明，导致体育法律法规的操作性不强，难以为"村改居"社区公共体育服务治理提供坚实、可操作的法治保障。典型的就是公共体育场馆的对外开放问题上，虽然《中国人民共和国体育法》《全民健身条例》等法律法规中有涉及公共体育场馆对外开放的条款，但由于条款的表述较为宽泛，缺乏对公共体育场馆开放时间、方式与补贴办法的具体要求，致使其约束性不足，很难落实（杨风华 等，2014）。这其实也是"缺乏体育场地设施"成为制约"村改居"社区居民体育参与主要因素的原因之一。而且，在处理体育伤害事故归责时，由于"甘冒风险"原则在相关法律中因没有得到明确而不能适用，当发生体育伤害事故时，无过错方只能适用"公平责任原则"，从而使不同于一般伤害事故的体育伤害事故处理伤害了"村改居"社区体育活动参与人及组织者的积极性（谭小勇，2014）。此外，由于"村改居"社区"两委"成员多由原村"两委"成员组成，其整体的法治意识相对淡薄，更多地采用人治方式应对社区治理过程中遇到的问题，在"依法治社"方面未能很好地树立法治权威，这也是导致"村改居"社区公共体育服务治理"法制悬浮"的重要因素。

四、未被有效利用的非正式制度机制

非正式制度（或称非正式约束）的概念是由新制度主义的代表性人物道格拉斯·诺斯于1981年首次提出的，它是指人们在长期交往过程中无意识形成的行为规则，具体包括风俗习惯、文化传统、道德观念等（张美云，2015）。与非正式制度相对应的正式制度是指人们为了特定目的而有意识地建立起来并被正式确认的各种制度的总称，它主要依靠权力机构来实施，具体包括法律、法规、政策、规章等（章荣君，2015）。根据新制度主义的观点，非正式制度和正式制度及其实施机制共同组成了制度,其中非正式制度是制度得以产生、变迁的关键因素,人们的日常行为主要受非正式制度的影响;非正式制度只有与正式制度相融合才有能发挥出积极的作用,正式制度也只有和非正式制度相融合才能顺利推进、节约实施成本;正式制度可以直接移植或者快速变迁。然而非正式制度因为具有长期性、渐进性等特征,很难直接移植或快速变迁;相较于正式制度,非正式制度具有更强的路径依赖效应(张美云,2015)。

由于"村改居"社区大多是在政府主导下快速推进城镇化所产生的,对于"村改居"社区居民而言更多地表现为被动城镇化的过程。正如前文所论述的,对于我国而言,农村文化与城镇文化是两种存在本质性区别的文化,前者更多地是基于地缘、血缘形成的"熟人社会"文化;后者更多地是基于法律、契约形成的"生人社会"文化。在乡土社会中,人与人之间的关系更多地是基于信任、友谊、亲情与习惯所建立的,而在市民社会中,人与人之间的关系更多地是基于利益与契约所建立的(贺雪峰,2013)[11-13]。当农民之间出现纠纷或问题时,他们首先想到的是依靠风俗习惯或找德高望重的人进行调解;而当市民之间出现纠纷或问题时,他们首先想到的是依靠法律或政策进行调解。所以,农村治理更多地是基于非正式制度机制进行的,而普通城镇社区治理则更多地是基于正式制度机制进行的。此外,根据文化适应理论,文化适应的过程要滞后于身份转换的过程,而文化差异往往会导致文化适应初期的排斥心理,如果个体不能很好地调整文化适应初期的排斥心理,就会导致个体对新文化的主动隔离(蒋福明,2013)。对于"村改居"居民而言,他们带着农村文化的惯性适应全新的城镇文化,势必会经历一个较长的文化适应过程,尤其是在农村文化与城镇文化差异较大的现实背景下,这种适应是长期的、艰难的,甚至一部分居民在文化适应过程中会采取分离策略或边缘化策略,成为"村改居"社区里的异乡人(屈群苹,2018)[127]。

本研究在实地调研中也发现,即使一些失地农民已"洗脚上楼"、完成身份转变多年,但他们在"村改居"社区里的日常生活仍保留较强的农村文化印记。比如,在原村民搬迁至楼房后,由于居住空间结构的改变①,空间的私密

---

① 农村房屋的建造格局基本是平房,且呈现出平面化、散点状的分布;而"村改居"后的楼房建造格局基本是立体化、单元格式的分布。

性也发生了改变①。另外，上楼、下楼的不便，导致之前在农村经常发生的"串门走动"情况减少，然而，一些年长的原村民仍然会在闲暇时聚集在楼下聊天或打牌。再比如，一些原村民在搬迁至楼房后，会在社区公共绿地上私自种植蔬菜，或者在社区公共空间私自养殖家禽。这其实反映出部分"村改居"社区居民虽完成了身份的转换，但他们仍固守着农村的传统文化、交往方式以及生活方式。

可以说，"亦城亦村"的过渡性与双重性是理解"村改居"社区治理的一个根本前提。事实上，源自农村的风俗习惯、文化传统、道德观念等非正式制度，对于"村改居"社区的有效治理有着积极的促进作用。比如，农村是一个熟人社会，在农民的日常生活中形成了相对稳定的互惠关系网络，而这种互惠关系网络在农村公共服务、环境改造、治安维护等方面发挥着重要的作用（黄立敏，2014）[88]。"村改居"实践中，大部分是以行政村的集体拆迁安置进行的。所以，在"村改居"社区中，原村民之间业已形成的互惠关系网络得以相对完整地保留，这其实为"村改居"社区治理提供了居民共同行动的基础。而且，得益于熟人社会所产生的信任基础，至少在原村民之间形成了较强的认同感，加之存在原村集体经济组织分红这一纽带，也容易维持原村民之间的信任及其对"村改居"社区的归属感，进而有助于社区共同体的构建。此外，虽然在"村改居"后，原来的村建制被撤销，但作为非正式制度的村规民约仍然具有很强的生命力，在原村民的日常行为中发挥着重要的约束力，这其实也有助于"村改居"社区形成良好的社会秩序。另外，费孝通（1998）[65]曾把我国传统的农村治理形容为"长老统治"，即老人的经验、权威在农村治理中起着教化作用，是维持乡土社会秩序的主导性力量。虽然随着时代发展，老人的传统权威已被治理权威、经济权威所替代，但这种非正式制度的权威仍然在农民纠纷调解以及公共事务协商等方面发挥着重要作用（黄立敏，2014）[97]。对于"村改居"社区而言，积极吸纳非正式制度权威参与社区治理，可以有效地降低治理

---

① 农村房屋的建造格局基本上是门对门，一条胡同里通常住着若干户人家；而且通常情况下白天并不刻意关门，只是到了晚上才关门，空间的私密性相对较弱。而"村改居"后的楼房建造格局虽也是门对门，但通常情况下是一栋楼某个单元的一层上仅有2户人家，且因为多安装防盗门，基本上是白天、晚上均关门，私密性相对较强。

成本。事实上，有了互惠关系网络、信任以及规范就容易形成社会资本[①]而根据社会资本理论代表人物罗伯特·普特南的观点，社会资本往往决定着治理绩效（黄立敏，2014）[49]。通过以上分析可以看出，如何将农村的非正式制度融合进"村改居"社区治理中，以便更好地发挥其在促进社区共同体建设、提升社区社会资本以及降低社区治理成本等方面的作用，是一个需要重点考虑的问题。

本研究在实地调研中发现，部分"村改居"社区在利用非正式制度进行社区治理上进行了探索性尝试。比如，浙江省嘉兴市 L 社区开展了自治、法治、德治相融合的社区治理模式，推行了社区公约、百姓议事会、乡贤理事会、社区老娘舅、法律服务团、道德评审团以及百事服务团等举措，其目标是做到"以自治消化矛盾、以法治评定纷争、以德治春风化雨"，进而形成"大事一起干、好坏大家评、事事有人管"的社区治理新格局。其中，社区公约、乡贤理事会、社区老娘舅、道德评审团是典型的农村非正式制度在"村改居"社区治理中的运用。此外，安徽省合肥市 T 社区推行了"好人榜"评选举措，旨在在社区形成"人人做好事、传递正能量"的道德风尚。山东省枣庄市 S 社区也推行了"善行义举四德榜"评选举措。这些是"村改居"社区将非正式制度引入社区治理的具体实践。

在"村改居"社区公共体育服务治理上，也应高度重视非正式制度的挖掘与利用。正如前文所论及的，"村改居"社区不同于普通城镇社区的一个重要特征，便是其"亦城亦村"的双重性。"村改居"的过程也并非一个自发城镇化的过程，而是一个被动城镇化的过程。在快速、被动的城镇化过程中，很多农村文化并未完成整体的变迁，那些根深蒂固的村规民约、风俗习惯、道德观念仍影响着人们的生活方式、交往方式。事实上，我国农村存在着历史悠久、丰富多元的民俗体育活动，这些民俗体育活动的产生大多与祭祀、节庆文化相关，比如舞龙、舞狮、划龙舟、耍龙灯、踩高跷、打腰鼓、抢花炮等。这些民俗体

[①] 20世纪七八十年代以来，社会资本作为区别于物质资本和人力资本的一种新型资本形式引起了理论界的高度关注，这一时期的讨论集中在个人社会资源的获取，而这种社会资源和持久的网络、制度化的关系密不可分。到了90年代，社会资本的研究者们发展出了一个新的研究方向，即强调公民参与、社会信任和共享规范，被称为以社会为中心的社会资本。国内外对社会资本并未取得一个公认的定义，但对社会资本的特征有着共同的认知：社会资本的拥有者一般分为个体、组织和社会，核心是资源，载体是社会结构，基本要素是信任、规范和社会网络。详细内容可以参阅：黄谦，张晓丽，2018. 社会资本理论在我国体育研究中的现状、特点与展望［J］. 上海体育学院学报，42（3）：17-22.

育活动不仅具有教化价值（即让村民能够遵守礼制），还有娱乐农民身心的休闲价值。而且，从社会资本理论来讲，它还有助于促进农民间的相互认同与信任，形成具有凝聚力的社会共同体。正如斐迪南·滕尼斯（1999）[75]所指出的，共同的风俗和信仰，它们渗透在一族人民的成员之中，对其生活的统一与和平至关重要。在本研究实地调研的"村改居"社区中，仅有山东省枣庄市S社区成立了民俗体育活动的体育健身社团组织——踩高跷队，并在每年的元宵节举行踩高跷表演活动。而且据社区主要负责人介绍，表演活动深受社区居民的喜爱，成为社区文体活动的一大特色。

值得担忧的是，在我国的"村改居"实践中，由于其本质上是政府强制推进的，在推进过程中并没有对原村的非正式制度给予足够的重视，更多地是简单复制普通城镇社区的治理模式，导致其在"村改居"社区共同体的打造上存在先天性的不足，致使很多原本适用于普通城镇社区的治理举措难以在"村改居"社区被有效执行，典型的就是社区物业费用收缴难的问题。当然，还包括社区环境治理中经常出现的居民乱停乱放，甚至在绿地上种植蔬菜、在公共空间饲养家禽等问题。这些问题的出现与地方政府对"村改居"社区特点的研判过于粗放、简单，以及没有有效地利用原村非正式制度等原因密切相关，尤其是在"村改居"社区公共体育服务治理上体现得更为明显。比如，南方地区的农村原本有端午节划龙舟、吃粽子的习俗，然而在"村改居"后，划龙舟的习俗取消了，过端午节被简化为吃粽子，这事实上弱化了民俗体育活动的教化价值、文化内涵及其在构建社区共同体上的作用发挥。再比如，在农村公共体育服务治理中，乡贤或长老发挥着重要的作用，他们往往是民俗体育活动的发起者与倡导者，甚至带有强制性的色彩。然而，在"村改居"后，乡贤或长老的权威相对地被削弱，他们在民俗体育活动组织上的话语权也不再像在农村时那样具有号召力与强制性，这在前文对山东省枣庄市S社区踩高跷队面临的危机与挑战的分析中也可以得到印证。

此外，村规民约是约束农民失范行为、维持农民集体行动能力的非正式制度，也是农村民俗体育活动得以延续的重要保障。然而，在"村改居"后，村规民约大部分被废止，取而代之的是各种法律、法规、政策、规章等正式制度在社区治理上的权威性、应用性得以增强。需要指出的是，正式制度更多地是面向普通城镇社区的一般实际制定的，具有普适性的特点，难以充分考虑"村改居"社区的特殊性；而村规民约则根植于原村实际，不同村庄的村规民约也存在一定的差异。正如郭琼珠（2009）所指出的，以政府为本位制定的农村体育发展规划与农村实际情况存在着一定的距离，政府对农村体育现代化的改造往往忽视了农村非正式制度对其体育发展的影响，导致国家推行的农民健身工程以及健身计划相对地偏离了农村的治理实际与农民的实际体育需求。事实上，这种情形也存在于"村改居"社区的公共体育服务治理实践中，比如前文所论及的政府通过项目制提供的全民健身路径，以及体育健身培训课程，它们大多参考普通城镇社区居民的健身需求进行格式化设计，而没有充分考虑"村改居"居民的实际健身需求，进而出现了全民健身路径被闲置、体育健身培训课程的居民参与度低等供需错配问题。

五、未被充分激活的志愿机制

所谓志愿机制（也称志愿服务机制）是指一种能够激励人们不为报酬自愿把自己的时间、精力、知识贡献给他人的运行机制（丁元竹，2012）。在现代社会，公共服务的三大供给主体——政府、社会组织、市场组织，均不同程度地存在供给失灵的问题，其组织形态以及行动结构的局限决定着三大供给主体难以摆脱现代性的束缚，不可避免地表现出工具理性主导下的效率至上、整齐划一的公共服务供给倾向，这其实就产生了居民多元化、个性化公共服务需求与现有公共服务规律性、非人格化供给之间的矛盾，从而为志愿服务的兴起提供了现实空间与行动意义（魏娜 等，2017）。志愿服务包括三个方面的内涵：一是志愿服务属于生产性活动，因为其消耗志愿者的时间、精力与知识等；二是志愿服务属于集体行动，需通过相互间的信任与合作才可以实现集体目标；三是志愿服务属于道德行为，受到价值观、宗教信仰、社会文化等因素影响（Wilson et al., 1997）。

党的十八大以来，我国强化了志愿机制在社会治理以及公共服务供给上的作用发挥，并鼓励、支持志愿服务建设。比如，党的十八届三中全会指出，"适合由社会组织提供的公共服务和解决的事项，交由社会组织承担。支持和发展志愿服务组织"（中共中央，2013）。党的十八届五中全会提出，"健全城乡社区综合服务管理平台，促进公共服务、便民利民服务、志愿服务有机衔接，实现一站式服务"（中共中央，2016）。党的十九大提出，"推进诚信建设和志愿服务制度化，强化社会责任意识、规则意识、奉献意识"（习近平，2017）。党的十九届四中全会也强调，"健全党组织领导的自治、法治、德治相结合的城乡基层治理体系"，"实现政府治理和社会调节、居民自治良性互动"，"健全志愿服务体系"（中共中央，2019）。除此之外，中央精神文明建设指导委员会于2014年印发了《关于推进志愿服务制度化的意见》；中宣部、中央文明办、民政部等八部门于2016年联合印发了《关于支持和发展志愿服务组织的意见》；国务院还于2017年专门印发了《志愿服务条例》，这也是我国首部专门针对志愿服务的行政法规，标志着志愿服务进入了法治化运行的新阶段。

我国志愿服务的行业协会建设也逐步健全。1994年，在共青团中央的指导下，中国青年志愿者协会成立。2011年，在民政部、教育部以及全国妇联等部门的统筹下，中华志愿者协会成立。2013年，在中央文明委的指导下，中国志愿服务联合会成立，它是我国志愿服务领域的全国性、联合性行业协会，以"引领、联合、服务、促进、交流"为职能定位，目前已覆盖各级各类志愿服务组织15万个，实现了全国31个省份组织区域的全覆盖。截至2016年底，我国已拥有中国志愿服务联合会、中华志愿者协会、中国青年志愿者协会、中国助残志愿者协会等全国性志愿服务行业协会，23个省份成立了省级志愿服务行业协会，多数较大的地市也成立了地区性的志愿服务行业协会。在党和国家的支持下，我国志愿服务建设取得了良好成效。截至2018年底，我国志愿服务组织已超过1.2万家，在全国志愿服务信息系统实名注册登记的志愿者已超过1亿人（陆士桢 等，2019）。

对于"村改居"社区治理而言，居民志愿机制的激活与利用也有着多方面的积极作用。一是"村改居"社区大多位于城镇边缘地带，交通相对便利，而且购买或租赁房屋的成本相对较低，其他生活性消费成本也普遍低于中心城区。因此吸引了大量外来务工人口，居民身份的复杂性以及流动性也相对高于普通城镇社区。在这种背景下，如何促进居民间的融合、增进其社区认同感与归属感，是"村改居"社区治理面临的一大难题。而志愿服务的核心理念是利他、济世、慈善与友爱（党秀云，2019），"村改居"社区居民志愿机制的激活可以促进居民间的交往与互助，一定程度上消除彼此间的隔阂，增强居民间的信任感，进而提升社区整体的社会资本。而且正如前文所论及的，社区社会资本的提升，可以节约治理成本，提升社区治理绩效。二是由于"村改居"社区志愿者大多是居住在本社区的居民，他们更了解居民到底需要什么样的公共服务，更能站在居民的立场向其提供志愿服务，因此，"村改居"社区居民志愿机制的激活有助于弥补政府在公共服务供给方面的局限与不足（比如标准化公共服务供给与居民公共服务多元需求之间的矛盾）。三是"村改居"社区志愿者大多也是本社区某一领域的能人，在该领域具有一定的专业性（或者至少是喜爱该领域），他们提供的志愿服务可以一定程度上满足居民多元化、个性化的公共服务需求，甚至可以通过与地方政府或社区"两委"构建伙伴关系或承接购买服务的形式延伸政府公共服务供给的广度和深度（孙卓华，2017）。

  本研究在实地调研中也发现，部分"村改居"社区在利用居民志愿机制进行社区治理上进行了探索性尝试。比如，陕西省西安市 N 社区成立了夕阳红志愿服务队和青年志愿者服务队，两个队伍均建有相应的微信群、微信公众号以及 QQ 群，及时宣传与志愿服务相关的政策、信息。此外，为鼓励更多居民加入志愿者服务行列中，该社区还创建了志愿者奖励制度，而且把志愿服务的类型划分为医疗、党建、文化、环保、治安五大板块，并定期评选最美志愿者，在社区宣传栏上也会对志愿者活动以及最美志愿者进行宣传。浙江省嘉兴市 L 社区根据"社区是一家，建设靠大家"的工作宗旨，利用现有资源以及区域特点，创建了"红帆"之家志愿结对服务，主要包括四项特色活动："弘扬志愿精神，争做环境卫士"活动、"献爱心送温暖"活动、"创平安社区"活动和"飞扬青春，学习结对"活动。安徽省合肥市 T 社区也积极利用居民志愿机制，开展了"乒乒乓乓过春节"社区乒乓球比赛、社区气排球比赛、社区儿童半日公园游玩活动、草地瑜伽培训活动、"放下手机、牵手宝贝、共享运动快乐"蓝领联盟秋季亲子运动会和"为爱毅行"路跑活动等。

陕西省西安市 N 社区志愿者奖励制度[①]

一、奖励目的

  为鼓励更多优秀的志愿者投入志愿者服务行列，社区特创建志愿

---

① 该文件来自陕西省西安市 N 社区居委会，文件印发日期为 2016 年 3 月 4 日。

者奖励机制。

二、奖励形式

1. 授予星级志愿者称号。

2. 颁发证书。

3. 积分回馈。

三、奖励细则

1. 星级志愿者评比标准

志愿者服务记录时间累计达到 100 小时、300 小时、600 小时、1 000 小时和 1 500 小时的志愿者，可以分别申请评定为一星级、二星级、三星级、四星级、五星级志愿者。

同时，社区还开展年度优秀志愿者评选，即每年组织开展一次优秀志愿者、优秀志愿服务组织的评选活动，对获奖者给予表彰和奖励。志愿者须在每年 12 月 1 日前把积分卡交给社区统计时数或分数，进行年审，以便参加志愿者评选，逾期将不予受理。

2. 证书颁发标准

以星级志愿者为标准，积极参加活动、努力完成交办的任务并获得显著成绩的个人和团体，经居民议事会讨论决定，给予表彰和奖励；关心、支持和参加志愿者活动并为志愿者事业作出突出贡献的集体和个人可授予荣誉证书，每年审核评选一次。

3. 积分回馈标准

社区根据志愿者服务时长累计积分，每季度最后一个月的 20 日兑换相应奖励。

注：嘉奖以精神奖励为主，物质奖励为辅，此制度将通过社区工作实际情况进一步完善，望广大居民多提宝贵意见。

在"村改居"社区公共体育服务治理上，应重视居民志愿机制的激活与利用。1993 年，当时的国家体委印发了《社会体育指导员技术等级制度》，成为我国社会体育指导员工作制度建立和队伍建设的开端。1999 年，社会体育指导员被纳入《中华人民共和国职业分类大典》（修订版），由此形成了两类社会体育指导员制度和队伍并存的局面。2005 年，国家体育总局印发了《关于进一步加强社会体育指导员工作的意见》,明确与职业社会体育指导员相对应的,在非营利性社会体育指导活动中从事指导工作的社会体育指导员属于公益社会体育指导员(国家体育总局,2005)。2009年,国务院印发的《全民健身条例》中,对社会体育指导员进行了明确分类:一类是"不以收取报酬为目的向公众提供传授健身技能、组织健身活动、宣传科学健身知识等服务的社会体育指导人员",国家对其"实行技术等级制度"管理;另一类是"以健身指导为职业的社会体育指导人员",国家对其"实行职业资格证书制度"管理(国务院办公厅,2009)。随后,国家体育总局、中央文明办、民政部等六部门和团体联合印发了《关于广泛开展全民健身志愿服务活动的通知》,并指出"公益社会体育指导员是中国特色的全民健身志愿者,也是开展全民健身志愿服务活动的主力军","要组织公益社会体育指导员立足城乡社区,指导基层健身活动,传授基本健身技能,普及基础健身知识"(国家体育总局 等,2018)。2011年,国家体育总局专门印发了《社会体育指导员管理办法》,并在《总则》第二条明确指出"本办法所称社会体育指导员,是指不以收取报酬为目的,向公众提供传授健身技能、组织健身活动、宣传科学健身知识等全民健身志愿服务","并获得技术等级称号的人员"(国家体育总局,2011)。目前,我国已有27个省份成立了省级社会体育指导员协会,地市级社会体育指导员协会数量已达到199个,区县级社会体育指导员协会数量已达到766个。据统计,2014~2017年,我国获得技术等级称号的公益社会体育指导员总数增长了1.9倍,获得国家级称号的公益社会体育指导员总数增长了3.4倍,获得一级称号的公益社会体育指导员总数增长了2.3倍,获得二级称号的公益社会体育指导员总数增长了2.2倍,获得三级称号的公益社会体育指导员总数增长了1.7倍(国家体育总局体育经济司,2018)[245]。通过以上梳理可以看出,公益社会体育指导员应属于"村改居"社区公共体育志愿服务供给的主要力量。当然,也包括一些未获得社会体育指导员资格认证但实际参与公共体育志愿服务供给的普通志愿者。

然而,本研究问卷调查的数据显示,2017年,在"村改居"社区20岁及以上居民中,接受过健身指导的人数百分比为42.9%;而在健身指导上也以朋友或同事相互指导为主,接受社会体育指导员指导的人数百分比仅为3.9%。由此可见,社会体育指导员在"村改居"社区公共体育志愿服务供给方面发挥的作用非常有限。在问及"社区内的社会体育指导员有多少,其整体的健身指导次数与质量如何,居委会是否有鼓励居民志愿对他人进行健身指导的举措"时,部分"村改居"社区主要负责人的回答如下:

说实话,还真不清楚社区里有多少社会体育指导员,也很少看到有社会体育指导员指导老百姓进行健身活动。社区目前也没有具体的鼓励居民志愿为他人提供健身指导服务的举措,主要还是看个人的意愿吧。(ZYS,山西省太原市J社区党委书记、居委会主任)

我们社区有五六个社会体育指导员吧,数字不一定准确,没有专门统计过。社会体育指导员也只是在社区搞活动的时候,帮忙组织、指导一下,平常对老百姓进行健身指导的次数较少。如果是社区这边组织的活动,会给参与活动的志愿者发一些劳务费。(WRH,山东省枣庄市S社区党委书记)

社会体育指导员在社区体育活动组织上发挥的作用比较有限,反而是一些社区里的体育爱好者在社区体育活动组织上很积极。比如社区里的乒乓球比赛、气排球比赛等都是一些爱好者倡导发起的。但这些爱好者并没有社会体育指导员的证书,如果给他们颁发个证书,可能对他们来说也是个肯定。(SQ,浙江省嘉兴市L社区党委书记、居委会主任)

我们社区的社会体育指导员数量比较少,毕竟很多居民以前是农民,也没去考那个证书。但我们通过志愿者积分奖励制度确实起到了很好的激励效果,这些志愿者都很热心,对社区里组织的健身活动也很支持。(XK,陕西省西安市N社区党委书记、居委会主任)

从对部分"村改居"社区主要负责人的访谈中可以看出,由于"村改居"社区的居民大都由农民身份转变而来,在之前的农村生活中,他们忙于农业劳作或外出打工，很少有时间去做健身指导工作。此外，受学历水平相对偏低、体育专业知识相对薄弱等因素影响，很少有人能够达到社会体育指导员的资格认证条件。所以，相较于普通城镇社区，"村改居"社区里的社会体育指导员人均数量也相对偏低。事实上，即使部分"村改居"社区有若干社会体育指导员，但由于缺乏相应的监督与约束机制，他们真正为居民提供健身指导服务的比例也较低。而从另一个方面，正如前文所论述的，由于很多"村改居"社区居民以前大多来自同一个行政村或者相毗邻的行政村，他们仍保持着"熟人社会"里邻里互帮互助的文化基因，彼此间的信任感与认同感较强，集体行动能力也较强，这其实有助于其志愿精神的形成。所以，在访谈中发现了这样一些现象：相较于社会体育指导员，反而是一些有体育爱好且有志愿精神的居民在"村改居"社区公共体育志愿服务供给上发挥了更主要的作用。需要指出的是，相较于"陌生人"组成的普通城镇社区，"村改居"社区虽然具有有利于居民形成志愿精神的"熟人社会"文化优势，但大部分"村改居"社区并没有基于这种文化优势进行有效的激励制度建设，使得社区公共体育服务治理志愿机制未被充分激活。此外，在访谈中还发现的另一个问题是，在"村改居"社区公共体育服务治理实践中，如何把一些经常参与社区体育活动组织或体育健身指导的居民志愿者纳入社会体育指导员队伍中来或者给予其一种荣誉上的肯定，是激活社区公共体育服务治理志愿机制需要考虑的现实议题。

第四章 优化公共体育服务治理模式的对策

从第三章对"村改居"社区公共体育服务治理现行模式的分析中可以看出,"亦城亦村"的过渡性与双重性,使得"村改居"社区公共体育服务治理模式呈现出很多不同于普通城镇社区公共体育服务治理模式的特征与结构。这些带有过渡性与双重性的特征与结构也使得"村改居"社区公共体育服务治理的难度与复杂度有所加大。此外,诚如《国家新型城镇化规划(2014—2020年)》在其基本原则中所指出的,"根据不同地区的自然历史文化禀赋,体现区域差异性,提倡形态多样性,防止千城一面,发展有历史记忆、文化脉络、地域风貌、民族特点的美丽城镇,形成符合实际、各具特色的城镇化发展模式"(中共中央 等,2014)。对于"村改居"社区而言,照搬普通城镇社区的公共体育服务治理模式显然是不合实际的,也难以应对其过渡性与双重性所带来的诸多治理难题,更有违新型城镇化所强调的多元化与特色化原则。理想的治理之道应是基于"村改居"社区过渡性与双重性的特征与结构,去粗取精、因势利导地探索出符合其实际的公共体育服务治理模式。本章将结合第二章的问卷调查数据以及第三章的实地调研与访谈材料,着重探索旨在优化"村改居"社区公共体育服务治理模式的对策。

第一节 优化公共体育服务治理理念的对策

一、重视公共体育服务多元价值的宣传

对于"村改居"社区而言,加强公共体育服务治理,提高居民的体育参与率,既有助于培养居民健康的生活方式,提升其身体健康水平,又有助于提高

居民的文化适应能力，使其能够更好地接纳城镇文化，同时也有助于强化居民间的交往频度和深度，提升其社区归属感。然而，本研究在实地调研和访谈中发现，大多数"村改居"社区主要负责人对公共体育服务的价值定位较单一，多强调其对居民身体健康方面的促进作用，相对地忽视了其在提升居民文化适应能力及增强居民社区归属感方面的价值，这导致社区主要负责人对公共体育服务重要性的认识相对不足，反映在治理实践中就是往往将为居民提供公共体育服务放在较次要的位置，更多地是配合上级政府完成"规定动作"的活动组织，对如何通过组织完善与制度建设来提高公共体育服务质量等长久问题考虑不足。

在此背景下，如何加强公共体育服务多元价值的宣传，引导社区主要负责人重视公共体育服务治理，是当前优化"村改居"社区公共体育服务治理理念需解决的首要问题。对此，提出以下建议。

一是组织专家学者对我国公共体育服务的多元价值、国家有关公共体育服务的政策与法律、社区在公共体育服务治理上所承担的责任、居民享受公共体育服务的权利与义务等内容进行梳理，制作成便于宣传的手册、画报或影像视频，以便"村改居"社区主要负责人了解公共体育服务的多元价值，明确在公共体育服务治理上的责任；同时，也有助于丰富居民对公共体育服务的认知，提升其体育参与意识。

二是通过问卷调查发现"村改居"社区居民经常参与的运动项目与全国城乡居民经常参与的运动项目基本相同，大部分集中在健身走、跑步、广场舞等所需运动场地规格要求不高、运动技术门槛相对较低的运动项目类型上，与发达国家居民经常参与游泳、高尔夫、保龄球等运动场地规格要求，以及运动技术门槛相对较高的运动项目相比存在一定差距。所以，要组织专家学者对不同运动项目的发展历史、特点与价值、文化内涵、技战术规则、参赛与观赛礼仪等进行整理，将其制作成科普手册、画报或影像视频进行广泛宣传，以加深居民对不同运动项目文化的认识，丰富其体育参与的运动项目选择种类。

三是根据《体育强国建设纲要》有关"实施体育文化创作精品工程，创作具有时代特征、体育内涵、中国特色的体育文化产品"（国务院办公厅，2019）的要求，通过政府购买服务或者资金补贴等形式推出一批具有代表性的体育文学著作以及电影电视剧作品，以提升居民的体育文化素养，培养其体育参与的兴趣。

四是通过购买服务的形式组织专家学者或社会体育指导员走进"村改居"社区，面向居民进行全民健身知识宣讲、指导与交流。在此方面，可以借鉴山东省体育局的经验，他们依托高校师资资源组建了全民健身宣讲团，在各县市举办"全民健身大讲堂进社区"活动，对于普及全民健身知识和运动技能起到了良好的宣传效果（王晓芳 等，2013）。

五是鼓励"村改居"社区居委会评选"全民健身达人"，通过微信、微博、抖音等新媒体平台积极进行全民健身知识宣传，讲述全民健身故事，营造良好的全民健身氛围。

六是根据《全民健身计划（2016—2020）》的要求，"把全民健身评价指标纳入精神文明建设以及全国文明城市、文明村镇、文明单位、文明家庭和文明校园创建的内容"（国务院，2016），引导基层政府把全民健身评价指标纳入文明社区评选中，以激励"村改居"社区负责人重视并积极参与公共体育服务治理。

二、树立以人为本的治理取向

我国传统的以经济发展和财政增收为核心的城镇化在快速推进的过程中，产生了农业转移人口难以融入城镇社会、土地城镇化快于人口城镇化、公共服务供给能力不足等问题。2013年，习近平总书记在中央城镇化工作会议上指出，"粗放扩张、人地失衡、举债度日、破坏环境的老路不能再走了，也走不通了"（中共中央宣传部，2014）[72]。次年，由中共中央、国务院印发的《国家新型城镇化规划（2014—2020年）》在指导思想部分指出"走以人为本、四化同步、优化布局、生态文明、文化传承的中国特色新型城镇化道路"；在基本原则部分强调"以人的城镇化为核心"，"稳步推进城镇基本公共服务常住人口全覆盖，不断提高人口素质，促进人的全面发展和社会公平正义，使全体居民共享现代化建设成果"（中共中央 等，2014）。党的十八届五中全会也指出，"坚持共享发展"，"必须坚持发展为了人民、发展依靠人民、发展成果由人民共享"（中共中央，2015）。党的十九大报告再次强调，"必须始终把人民利益摆在至高无上的地位，让改革发展成果更多更公平惠及全体人民"（习近平，2017）。《体育发展"十三五"规划》也提出,"把增进人民福祉、促进人的全面发展作为体育发展的出发点和落脚点","加快完善体育共建共享机制,着力推进基本公共体育服务均等化"(国家体育总局,2016)。可见,不管是党和国家发展整体的治理取向,还是新型城镇化发展的治理取向,抑或是体育发展的治理取向,均强调以人为本,强调发展成果更公平地惠及全体人民。

然而,本研究在实地调研与访谈中发现,"村改居"社区公共体育服务治理取向更多地呈现出以物为本的特征,即在公共体育服务治理上多强调体育经费投入、体育场地设施建设、体育健身活动组织和体育健身指导等人、财、物方面的因素,而对居民到底需要什么方面的体育经费、体育场地设施、体育健身活动和体育健身指导,如何满足不同年龄、性别、收入以及受教育程度居民多元化的公共体育需要等问题考虑相对不足。这种以物为本的公共体育服务治理取向也较大程度上导致了"村改居"社区居民对目前公共体育服务满意度不理想的现状,使得公共体育服务的多元价值发挥受限,与党和国家强调以人为本的治理取向也有一定的差距。这其实也倒逼"村改居"社区在公共体育服务治理取向上需要实现由以物为本向以人为本的转变。

在推进"村改居"社区公共体育服务治理取向由以物为本向以人为本转变,以更好地满足居民多元化的公共体育服务需求方面,本研究提出以下建议:

一是相比普通城镇社区,"村改居"社区整体的体育经费较少甚至有的社区没有体育经费,体育场地设施数量偏少、种类较单一,人均社会体育指导员人数也偏少。对此,为了促进基本公共体育服务的均等化,政府可以通过财政转移支付的形式,加大对"村改居"社区公共体育服务的扶持力度。

二是由于"村改居"社区属于过渡性社区,很多制度建设尚不规范,尤其是居民议事制度仍带有"家长制"的色彩,导致居民自治往往演变为居委会自治,居民的利益诉求难以充分表达。对此,在公共体育服务治理上,要进一步规范"村改居"社区居民议事制度,明确居民(代表)大会对于公共体育服务治理的议事权、决策权和监督权,对于重要公共体育服务治理事务采取"一事一议"的操作方式,以充分了解居民的公共体育服务需要以及利益诉求,培养居民在社区公共体育服务治理上的主人翁意识,调动其参与公共体育服务治理的积极性。

三是完善"村改居"社区公共体育服务公开制度,倡导成立社区公共体育服务监督委员会，以对地方政府下拨到社区的公共体育服务专项资金使用情况进行监督，避免被挪为他用。

四是调整地方政府对社区公共体育服务治理成效的评价导向，在注重评价社区公共体育服务人、财、物等方面投入与建设情况的同时，更加注重对居民公共体育服务满意度情况的评价，引导"村改居"社区在公共体育服务治理上更加重视满足居民多元化的公共体育服务需求。

五是本研究的问卷调查发现在"村改居"社区 20 岁及以上居民中，离婚人群、低收入人群、无业失业半失业者人群相较于同类型人群，其体育参与率偏低，基层政府或社区可以通过发放免费健身券等形式对社区离婚人群、低收入人群、无业失业半失业者人群及其他弱势群体进行公共体育服务的补偿与援助（马德浩，2019d），进而使公共体育服务治理成果更公平地惠及全体居民。

第二节 优化公共体育服务治理主体的对策

一、发挥党组织的公共体育服务"元治理"作用

《中国共产党支部工作条例（试行）》有关农村党组织与城镇社区党组织的职能定位不尽相同，主要差异在于：农村党组织的一项重要职能是领导和"发展集体经济，走共同富裕道路，领导村级治理，建设和谐美丽乡村"；而城镇社区党组织的主要职能是"增进群众福祉"，即强调其在社区内社会性、公益性、群众性工作中发挥领导作用，没有领导经济发展的职责（中共中央，2018b）。"村改居"社区党组织正经历着从之前农村党组织向现在城镇社区党组织的职能定位转变（如图 4-1 所示），在转变过程中难免会出现一定的偏差。此外，为了使"村改居"过程能够顺利地推进，大部分"村改居"社区党组织积极吸纳了原村党组织或村委会的成员，并让其担任主要职务。由于原村党组织成员在长期治理实践中形成了重经济发展、轻公共服务建设的思维惯性，他们在担任社区党组织主要负责人或成员后，在"村改居"社区治理实践中也形成了重经济发展、轻公共服务建设的思维惯性。"村改居"社区党组织职能定位的偏差较大程度上影响其在公共体育服务治理上的作用发挥。

在明确"村改居"社区党组织职能定位,以使其在公共体育服务治理上发挥更大的作用,本研究提出以下建议:一是明确"村改居"社区党组织在公共体育服务治理中的角色。党的十九大报告指出,"加强社会治理制度建设,完善党委领导、政府负责、社会协同、公众参与、法治保障的社会治理体制"(习近平,2017)。这从制度设计层面确定了社区党组织在公共体育服务治理上处于领导核心地位。

二是协调好"村改居"社区党组织与原村党组织在公共体育服务治理上的关系。由于"村改居"过程具有复杂性、渐进性的特点,新组建的社区党组织可能短时间内难以顺利地承接原村党组织的相关职能,一般会经历一个职能"脱手"与"补位"的衔接过程。本研究在实地调研与访谈中发现,虽然部分"村改居"社区党组织已组建多年,但社区仍保留着原村党组织。事实上,原村党组织有其存在的现实需要,如领导原村集体经济组织发展、统筹协调原村民的福利分红问题以及关心原村民的生活状况等;所以,社区党组织与原村党组织并不是相互替代的关系,至少在"村改居"过渡期间,二者应该是协调补位的关系(如图4-1所示)。

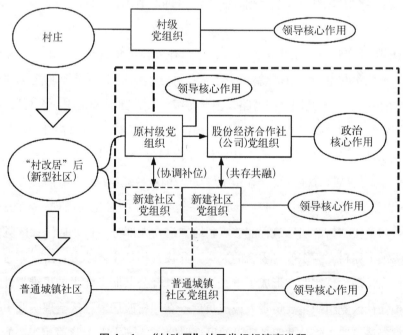

图4-1 "村改居"社区党组织演变进程

资料来源:(黄立丰,2017)[132]。

具体到社区公共体育服务治理上，原村党组织既可以通过影响原村集体经济组织的决策，使其可以划拨资金用于社区体育活动组织、体育场地设施修建、体育健身培训等，也可以通过发挥其在原村民中的影响力与权威性，引导原村民进行体育锻炼，争当公共体育服务志愿者等。因此，在社区公共体育服务治理上，社区党组织依然起着领导核心作用，但原村党组织可以起到协调、补位的作用。

三是理顺"村改居"社区党组织与居委会在公共体育服务治理上的关系。党的领导和社区居民依法自治是我国特色社区民主的重要内容，发挥社区党组织领导核心作用，是确保包括公共体育服务治理在内的各类社区治理事务，依照党的方针与路线有序推进的前提，社区居委会则是居民自治的法定主体组织（杨贵华，2014b)[167]。然而，党的领导采取的是自上而下的方式实现，居民自治则是自己管理自己的公共事务，在实际工作中，两者并非能自然地融合在一起。本研究在实地调研与访谈中发现，"村改居"社区党组织与居委会在公共体育服务治理上存在职能交叉、重叠甚至相互掣肘的问题。所以，如何处理好社区党组织与居委会的关系是公共体育治理所需解决的重要问题。对此，一方面要明确社区党组织对公共体育服务治理的领导主要是政治领导、工作指导、思想引导、决策把关，对于事关公共体育服务治理的重要问题需要通过"两委联席会议"讨论，重大问题需要社区居民（代表）会议决定；另一方面，对于属于居民自治范围的公共体育服务治理具体事务，则应按照法律和自治章程交由社区居委会独立处理（杨贵华，2014b)[169]。

四是完善"村改居"社区党组织与群团组织以及体育社会组织的关系。一般情况下，社区群团组织主要包括社区工会、共青团、妇联、老年协会、残疾人协会等，这些组织是党和国家开展群众工作的助手，一般按照党政体制模式自上而下地进行统一设置，具有半官方的性质（杨贵华，2014b)[217]。体育社会组织则多由居民自愿组建，具有典型的民间色彩。不管是群团组织还是体育社会组织，它们在公共体育服务治理上均发挥着重要作用，比如，社区群团组织往往会举办一些面向工人、青少年、妇女、老人、残疾人等特定群体的体育活动或培训，体育社会组织则主要面向其成员提供体育活动或培训。然而，在公共体育服务治理实践中，社区群团组织与体育社会组织往往是割裂式运行，呈现出"两张皮"的现状。在这种背景下，就需要社区党组织发挥综合协调作用，为群团组织和体育社会组织在公共体育服务治理上的联动与合作搭建平台。

五是"村改居"社区党组织应在公共体育服务上起到"元治理"[①]（也称为治理中的治理或对治理的治理）的作用。社区党组织在公共体育服务治理中处于领导核心地位并不是干预治理程序，也不是将自身意志强加于其他公共体育服务治理主体，而是同其他公共体育服务治理主体进行平等协商，积极联动。具体而言，就是社区党组织应成为公共体育服务治理思想的引导者、治理规则的制定者、治理秩序的维护者、治理关系的协调者（刘鑫 等，2019），支持多元主体参与社区公共体育服务治理，进而起到对社区公共体育服务进行"元治理"的作用。

二、提升居委会的公共体育服务治理效能

纵向层面的行政发包制以及横向层面的政治锦标赛、政治淘汰赛，构成了我国行政管理体制运行的两个基本维度（周黎安，2014）。在这种运行框架下，处于科层制末端的街道办事处或乡镇成为层层发包后具体落实相关指标与任务的主体。然而，在具体实践中，街道办事处或乡镇在落实相关指标与任务时，又往往扮演着"二传手"的角色，将很多指标与任务委派给社区居委会或村委会，致使社区居委会或村委会嬗变成了承接各种指标与任务的"筐"（杨贵华，2014b）[89]。由于街道办事处或乡镇官员在落实相关指标与任务时，往往基于政治锦标赛、政治淘汰赛的考核要求，注重在"硬指标"（经济发展）上赶超，强调在"约束性指标"（社会稳定、环境保护与安全生产等）上进行底线控制，对教育、文化、体育等公共服务之类的"软指标"则重视不足。这种功利性的指标与任务选择，也对社区居委会或村委会产生了消极影响。本研究在实地调研与访谈中发现，面临街道办事处委派下来的大量指标与任务，"村改居"社区居委会由本应进行居民自我管理、自我教育、自我服务的基层群众性自治组织演变为"准政府"组织，行政化色彩浓厚，不仅弱化了其为居民提供公共体育服

[①] 元治理是以鲍勃·杰索普为代表的学者在对治理进行反思基础上提出的一种治理范式，它是指为了克服治理失灵而进行的对自我管理的管理与对自我组织的组织，追求科层制、市场和网络三种治理的协调。严格意义上讲，元治理并非一种单独的治理模式，而是以元治理主体为治理的主导者，对科层制、市场和网络三种治理模式进行协调和管理。详细可参阅：孙珠峰，胡近，2016."元治理"理论研究：内涵、工具与评价［J］. 上海交通大学学报（哲学社会科学版）（3）：45-50.

务的主动性，也弱化了其公共体育服务治理效能。

在推动"村改居"社区居委会的"去行政化"，提升其公共体育服务治理效能上，本研究提出以下建议：一是明确"村改居"社区居委会属于基层群众性自治组织的本质。《中华人民共和国城市居民委员会组织法》已明确指出，"居民委员会是居民自我管理、自我教育、自我服务的基层群众性自治组织"（第十三届全国人民代表大会常务委员会，2019）。基于这一规定，"村改居"社区居委会在党和国家赋予的六项主要职能上应厘清先后、主次顺序，即将重点放在"开展社会主义精神文明建设活动"，"办理本居住地区居民的公共事务和公益事业"以及"调解民间纠纷"三项排在前面的事务，而且这三项事务也属于自治事务的范畴。在此基础上，再做好"协助维护社会治安"，"协助政府做好与居民利益有关的公共卫生、优抚救济等工作"以及"向政府反映居民意见"这三项协助性事务。公共体育服务既属于社会主义精神文明建设活动的范畴，又属于居民公共事务和公益事业的范畴，理应成为社区居委会积极进行治理的主要事务之一。

二是理顺街道办事处与"村改居"社区居委会之间的关系。街道办事处是社区建设与发展的政策制定者与"掌舵者"，负有对社区居委会进行指导、支持与帮助的责任；社区居委会则是在社区宣传国家政策与法律，依法开展居民自治活动，并协助政府做好社会治安、公共卫生、优抚救济以及居民意见反映等工作的主体。两者本应该是指导与被指导的合作关系，而不是"领导与被领导"的管制关系。具体到公共体育服务治理上，街道办事处应加强对社区居委会公共体育服务治理的指导与帮助，引导社区居委会重视对公共体育服务的治理；但不应过度干涉社区居委会对公共体育服务治理的自治权，要鼓励与支持社区居委会根据居民实际公共体育服务需求以及社区发展现状进行特色化、多样化的公共体育服务供给。

三是从宏观层面上推进中央政府、地方政府由"全能政府"向"有限政府"以及由"管制政府"向"服务政府"的转型。通过优化官员晋升的激励指标考核体系以及底线控制指标考核体系，使中央政府、地方政府能够更加重视对教育、文化、体育等公共服务之类的"软指标"治理。街道办事处也应以此为导向，引导"村改居"社区居委会重视公共体育服务治理。

四是推行社区工作清单制度，把属于委托"村改居"社区居委会协助完成的事务，按"权随责走、费随事转"的原则，落实支付给社区居委会的经费渠道；同时属于由政府部门办理的事务，一律不再下放至社区居委会（李万钧，2018）[71]。对此，可以借鉴南京市的社区去行政化改革的经验，即"一清"（街道办事处去除经济指标、社区居委会去行政化），"一移"（街道办事处服务前移，实行一门式管理，扁平化服务），"一收"（街道办事处社区事务受理中心上收政务服务，社区服务站职能重新定位），"一放"（服务资源向街道办事处和社区居委会下放，"事、权、钱"同步跟进），"一包"（社区服务外包由社会组织向政府购买，双方实行契约式管理），"一全"（街道办事处与社区居委会全科服务、全网联办、全年无休）（王义，2019）。通过推行工作清单制度，为社区居委会减负，使其能够有足够精力与人员进行公共体育服务治理。

五是将公共体育服务治理切实纳入"村改居"社区居委会工作绩效考核指标；同时要强化社区居民（代表）会议和居民监督会等自治组织在公共体育服务治理决策以及经费使用方面的相应权责，督促社区居委会能够在公共体育服务治理上更充分地体现居民意愿。

六是根据民政部、中组部《关于进一步开展社区减负工作的通知》中关于"加快社区公共服务综合信息平台建设，逐步实现社区公共服务事项的一站式受理、全人群覆盖、全口径集成和全区域通办"（民政部等，2015）的意见，推进"掌上社区""微信群自治"等信息化手段在"村改居"社区公共体育治理中的应用，提升社区居委会公共体育服务的信息化治理能力。

三、强化服务站的公共体育服务资源整合能力

作为承接上级政府面向居民提供公共服务的基层平台，"村改居"社区服务站在实际运行中受制于与居委会、上级政府及相关职能部门权责边界不清晰的影响；而且，相较于普通城镇社区，"村改居"社区面临着更为繁杂的社会事务，比如居民的安置、补贴以及相关社会保障的跟进与落实等。这也导致"村改居"社区服务站的工作任务较重。此外，"村改居"社区大多地处城郊地带，在地理位置上难以吸收或留住专业素质较高的社区工作人员。加之，"村改居"社区服务站工作人员整体的收入待遇相对偏低、工作强度较大等导致了较为严重的人员流失现象，其整体处于"人少事多"的运行状态。在这种状态下，像

公共体育服务这种相对边缘化的社区事务很难做到专人负责，而且负责文体工作的人员大都非体育专业出身，对体育活动组织、体育健身指导也缺乏相关的专业知识，致使社区服务站在公共体育服务治理上的作用发挥相对有限。

  在厘清"村改居"社区服务站权责，强化其公共体育服务资源整合能力上，本研究提出以下建议：一是明确"村改居"社区服务站的主要权责是面向居民提供包括体育在内的公共服务。社区服务站是政府基于推动公共服务治理重心下移，减少社区居委会过多的行政性事务而设立的。不管是国务院办公厅印发的《社区服务体系建设规划（2011—2015年）》还是民政部、中央组织部、中央综治办等十余个部门联合印发的《城乡社区服务体系建设规划（2016—2020年）》，均明确社区服务站的主要权责是代办代理公共服务事项以及为社区居民提供文体教育、健康休闲、养老抚幼等便民利民服务。因此，在"村改居"社区公共体育服务治理中，社区服务站应是政府面向居民提供公共体育服务的主要权责延伸主体，而社区服务站也应把向居民提供公共体育服务作为其主要事务之一。

  二是理顺"村改居"社区居委会与社区服务站在公共体育服务治理上的关系。社区居委会作为居民自治的权责主体，主要是依法对公共体育服务治理中涉及居民自治的相关事宜组织居民（代表）会议进行决策并予以执行；社区服务站作为政府延伸至社区的公共服务权责主体，应直接向居民提供公共体育服务或通过购买服务、委托代办等形式间接向居民提供公共体育服务。所以，社区居委会与社区服务站在公共体育服务治理上应是居民自治与政府参与相互协调、联合促进的关系。

  三是理顺街道办事处社区事务受理中心与社区服务站在"村改居"社区公共体育服务治理上的关系。街道办事处社区事务受理中心的成立，一方面是政府推动治理中心下移的需要，另一方面也是打破"条块分割"治理格局的需要。然而在具体实践中，街道办事处社区事务受理中心仍然存在"山头林立""各行其是"的现象，这在较大程度上导致了作为街道办事处社区事务受理中心延伸至社区的服务平台——社区服务站也存在"受多头领导、业务重叠、人少事多"的问题。对此，建议参照上海在街道办事处社区事务受理中心上所推行的"三个转变"的经验，即在形态上从"多门服务"向"一门服务"转变，在业务上从"多口受理"向"一门受理"转变，在人员上从"多口管理"向"一头管理"转变。相对应地，在社区服务站的改革上，也推行以上"三个转变"，进而打破"条块分割"的格局，增强社区服务站的内部协调与整合能力；同时，要根据权责一致的原则，将相应的权力下放至社区服务站，以改变其目前更多地扮演咨询者或中转站角色的现状，这有助于提高社区服务站参与公共体育服务治理的积极性，并根据社区实际情况面向居民提供多样化的公共体育服务。

四是强化"村改居"社区服务站的公共体育服务资源整合能力。社区服务站本身就是政府打破"条块分割"，推进资源整合的产物。事实上，本研究在实地调研与访谈中发现，政府购买服务所配给的人、财、物资源并不足以让社区服务站完成其所承担的公共体育服务供给任务，需要其向原村集体经济组织争取资金支持，向体育社会组织争取专业技术服务支持，向社区居民争取志愿服务支持等，才能更有效地整合各类资源以提升公共体育服务供给质量。

五是健全对"村改居"社区服务站及其工作人员的评估与奖惩机制，督促其重视包括体育在内的公共体育服务供给质量。调查研究显示，由于缺乏相应的评估与奖惩机制，社区服务站普遍存在消极工作、随意行事、倦怠执行的"工作空转"现象（徐刚 等，2017）。对此，一方面要对社区服务站向居民提供的包括体育在内的公共服务质量进行定期评估，根据评估结果按照"奖优罚后"的原则进行差异化的经费配给；另一方面要按照"多劳多得、少劳少得"的原则对社区服务站工作人员进行绩效评估，激发其工作的积极性。

六是提高"村改居"社区服务站工作人员的收入待遇，提升其公共体育服务供给能力。社区服务站工作人员整体收入待遇相对偏低是导致其人员流失严重的重要原因之一。对此，一方面要提高工作人员的薪酬待遇，做到职称、学历、资历、岗位与薪酬挂钩；另一方面是试点推行优秀社区服务站工作人员进入事业编制的激励制度。同时也要通过群众评议与组织评议相结合、街道评议与社区成员评议相结合等办法，淘汰那些不能胜任本职工作的社区服务站工作人员。目前，"村改居"社区负责文体工作的人员大都非体育专业出身，对体育活动组织、体育健身指导也缺乏相关的专业知识。对此，一方面可以引导社区服务站在工作人员招聘时，优先考虑有体育专业背景或者有社会体育指导员资格证书的人员；另一方面可以加强对现有文体工作负责人员的培训，提升其公共体育服务供给能力。

四、引导公益性服务机构融入公共体育服务治理

政府及相关职能部门创办的社区综合性文化服务中心、老年大学社区分校等公益性服务机构，一定程度上弥补了社区服务站所存在的公共体育服务供给不足的问题。然而，不管是社区综合性文化服务中心，还是老年大学社区分校，其目前的资源投入仍相对有限。另外，受管理人员多为兼职、场地空间有限等因素影响，致使这些机构在向居民提供公共体育服务时往往做简化处理。而且，在相关的职能划分上，也存在和社区党组织、居委会以及服务站权责边界划分不清晰的问题，一定程度上弱化了其进行公共体育服务供给的自主权，导致其所提供的公共体育服务质量不甚理想。

在加大投入，引导"村改居"社区公益性服务机构融入公共体育服务治理上，本研究提出以下建议：

一是加大"村改居"社区公益性服务机构的建设力度，使其在公共体育服务治理上发挥更大作用。本研究在实地调研与访谈中发现，"村改居"社区公益性服务机构的资源投入普遍不足，甚至有部分"村改居"社区尚未建立公益性服务机构，影响了在公共体育服务治理中的作用发挥。基于"村改居"社区公共服务基础设施相较于普通城镇社区更加薄弱，更需要政府给予政策倾斜与资源扶持的现实，可以通过下拨专项经费和财政转移支付等形式，帮助"村改居"社区加强公益性服务机构建设。

二是政府文化、教育等部门应引导"村改居"社区公益性服务机构融入公共体育服务治理。体育既是一种积极的休闲文化，也是一种重要的教育形式。所以，不管是中共中央办公厅、国务院办公厅印发的《关于加快构建现代公共文化服务体系的意见》还是国务院印发的《老年教育发展规划（2016—2020年）》，均把体育纳入公共文化服务体系以及老年教育发展规划内。然而，目前"村改居"社区综合性文化服务中心和老年大学社区分校所提供的公共体育服务不仅形式较为单一，而且质量也不容乐观。所以，政府文化、教育等部门要引导社区综合性文化服务中心和老年大学社区分校等公益性服务机构积极融入公共体育服务治理，为居民提供更丰富的公共体育服务。

三是创新"村改居"社区公益性服务机构的公共体育服务供给形式。目

前，社区综合性文化服务中心和老年大学社区分校等公益性服务机构存在政府唱"独角戏"、实行"包办"的现状，不仅导致政府的治理成本偏高，而且由于人力资源缺乏以及专业服务缺失，使得居民对其所提供的公共体育服务的满意度也较低。对此，可以参照上海市的经验，通过竞争招标方式，委托非营利性组织对社区公益性服务机构进行托管的模式，政府与社区主要做好服务监管与绩效考核工作，进而实现管办分离（陈世香 等，2017）。这既可以减少政府的治理成本，又可以提升公共体育服务供给的专业性与多样性。

四是赋予"村改居"社区公益性服务机构更多的自主权，以使其能够更合理地进行公共体育服务供给。目前，政府在社区公益性服务机构的公共体育服务供给内容上多采用"一刀切"式的标准化要求，一方面弱化了社区公益性服务机构自主创新的活力；另一方面也容易导致"供非所需"的困境。对此，政府要赋予社区公益性服务机构更多的自主权，使其能够根据当地特色与居民特点提供更有针对性的公共体育服务。

五是政府体育部门可依托"村改居"社区公益性服务机构进一步拓展公共体育服务供给的路径。政府体育部门近年来积极推进公共体育服务向社区延伸，并大力建设全民健身站点。据统计，我国城镇社区全民健身站点平均已达到每万人3个（国家体育总局，2019）[7]。然而，全民健身站点更多地是以群众性体育组织申请、政府体育部门予以审核、备案的形式建设，不具有独立的法人资格；在相应的评估指标上也存在要求偏低、指向模糊的问题，比如："具有一定面积的固定体育活动场地，配备有相应的健身器材"，"至少拥有1名社会体育指导员负责日常管理和活动组织工作"，"坚持每天开展活动且活动时间不少于1小时"等（黄亚玲 等，2014）。一项对江苏省400个基层全民健身站点的调查显示，其一，基层站点经费来源包括参与者自筹资金（66.00%）、企事业单位和个人赞助（6.75%）、体育部门拨款（15.50%）、街道办事处和各项目体协资助（11.75%），基本以自筹资金为主；其二，从未组织开展活动的站点占60.75%，不定期开展活动的站点占30.50%，经常开展活动的站点占8.75%，且活动内容仅局限于体育比赛、体质监测、健康知识宣传，多处于自主锻炼的状态；其三，有社会体育指导员的站点仅占65.75%，且以每周指导1～2次为主，指导次数整体偏少（陆玉林 等，2013）。本研究在实地调研与访谈中发现，大部分"村改居"社区并没有全民健身站点，即使有全民健身站点，也多处于组织松散、缺乏管理的状态，难以在公共体育服务治理中发挥支点作用。在这种背景下，政府体育部门依托建设社区综合性文化服务中心和老年大学社区分校等公益性服务机构进行公共体育服务供给，不失为一种现实选择。

五、增强体育社会组织承接政府购买服务的能力

改革开放以来，尤其是党的十八大以来，党和国家高度重视社会组织的发展，并积极出台了很多有利于社会组织发展的政策，着力构建"强政府、强社会"的治理格局。在公共体育服务治理上，也强调让体育社会组织发挥更大的作用。然而，受双重管理制度、注册门槛偏高、培育扶持政策单一化与形式化等因素的影响，体育社会组织的发展整体上处于"数量少、活力弱"的现状。"村改居"社区体育社会组织的发育程度也较低，多为松散型的体育健身类社团，面临着场地、经费与人员的多重挑战。而且，社区居委会大都未给予相应的场地与经费支持，使得大部分体育健身类社团的发展处于"无人问津"的状态。此外，在实地调研与访谈中发现，少部分带有乡土民俗活动色彩的体育健身类社团，是"村改居"社区居民在身份转换与文化适应过程中的特殊产物，具有农村文化与城镇文化的双重特点，但也面临着传承人断层、经费与场地资源缺乏的问题。另有少部分体育健身类社团在政府购买服务以及社区居委会的支持下得到了较好的发展，这从另一个侧面反映出政府以及社区居委会的引导与扶持，在"村改居"社区体育社会组织良性发展中的重要作用。

在加强培育扶持，增强"村改居"社区体育社会组织承接政府购买服务的能力上，本研究提出以下建议：

一是基于体育社会组织公益性、服务性的特点，依照党的十八届三中全会关于"重点培育和优先发展行业协会商会类、科技类、公益慈善类、城乡社区服务类社会组织，成立时直接依法申请登记"（中共中央，2013）的精神，研究制定体育社会组织直接依法登记注册的实施方案；同时可以借鉴广东省对"行业协会""异地商会"、公益服务类社会组织、基金会实行由"业务主管单位"改为"业务指导单位"，并允许行业协会"一业多会"（中共广东省委 等，2012）的改革经验，赋予体育社会组织更大的自主权，改革制约体育社会组织活力的"限制竞争"原则，进而为体育社会组织发展提供有利的制度环境。

二是根据"村改居"社区体育社会组织规模小、场地少、经费有限的现实情况，探索制定适用于我国非正式体育社会组织（也称"草根"体育社会组织）的管理条例，对非正式体育社会组织的注册条件、备案登记程序、管理归口、权责规范等进行确定，建立从注册登记到备案审核，再到公益认定的三级非正式组织准入制度，以更好地规范"村改居"社区非正式体育社会组织的发展。

三是基于"先培育，后规范"的扶持思路，建立从区（县）到街道办事处，再到社区的多层级"村改居"社区体育社会组织孵化机制，并通过强化人员培训、加强技术指导、提供经费与场地支持等积极培育"村改居"社区体育社会组织。

四是进一步推进管办分离，健全对体育社会组织各项优惠政策的操作细则，使其能够得到真正落实。政府在购买公共体育服务上也要适当向"村改居"社区体育社会组织倾斜，并通过直接拨款、公益创投、项目众筹、评估激励以及能人资本等方式助力"村改居"社区体育社会组织的发展壮大，使其逐步具备承接政府购买服务的能力（马德浩，2020）。同时，要引导社区党组织、居委会、服务站以及公益性服务机构加强与体育社会组织的合作与联动，共同参与公共体育服务治理。

五是注重对原村文化风俗的挖掘，在此基础上培育富有特色的"村改居"社区体育社会组织。同时，也应加强对原村体育社会组织的扶持，尤其是要重视传承人的培育，要尊重其内在的组织结构与文化特色，不宜简单地、机械地对其进行城镇化模式的改造。

六是"村改居"社区从人口组成结构上讲，既有原村居民，又有在社区购房居住的普通城镇居民，还有外来务工人员。人口组成结构的多元性也潜藏着体育文化的丰富性。对此，要重视挖掘"村改居"社区里的体育能人，鼓励其牵头创办体育社会组织。

六、鼓励原村集体经济组织介入公共体育服务治理

作为"村改居"过程的特殊产物，原村集体经济组织普遍参照现代企业的管理运行模式进行了股份制改革。这既有助于增强其决策与运营自主权，使其能够更好地适应市场竞争，也有助于为原村民提供"兜底"式的社会保障，使

其能够更顺利地完成由农民向市民的转变，同时也有助于改善社区民主治理，促进社区共同体的形成。虽然"村改居"社区原村集体经济组织在为居民提供公共体育服务上发挥了一定的作用（比如：提供部分资金建设文体活动室；购买一定数量的体育健身器材；赞助社区的部分体育活动等），但由于其把更多的资金投入到了为成员发放福利和分红，加之增值与创收的空间有限，导致其投入公共体育服务上的资金非常有限。此外，目前"村改居"社区原村集体经济组织的改制与转型尚不彻底，比如：承担了过多的居民福利，难以拿出足够资金进行较大规模的市场投资或项目建设；在管理、运营上常常会受到社区"两委"的掣肘，难以相对独立、快速地对市场机遇与风险进行判断；集体股的设置导致股权无法顺畅地流动，阻碍了其融资能力等。

在进一步推动"村改居"社区原村集体经济组织改制、转型与创收，鼓励其介入公共体育服务治理上，本研究提出以下建议：

一是根据《国家新型城镇化规划（2014—2020年）》关于"推进农业转移人口享有城镇基本公共服务"（中共中央 等，2014）的要求，制定保障"村改居"社区居民平等享受与普通城镇居民同等社会保障的政策文件，把"村改居"社区居民的养老保险、医疗保险、失业保险等纳入政府统筹范畴，减轻原村集体经济组织所承担的过多的居民福利压力，进而使其能够拿出部分资金帮助社区加强对体育、文化、教育等公共服务短板进行治理。

二是参照将原村民（代表）大会、村委会、财产监督小组分别对应调整为现集体经济组织股东（代表）大会、理事会和监事会的思路（杜国明，2011），推进所有权、经营权、监督权的分离，探索建立职业经理人制度，进而完善集体经济组织的治理结构，使其能够更加专业化、市场化地运行。

三是引导"村改居"社区原村集体经济组织完善股权流转机制，允许股权继承、赠予或转让，并逐步取消集体股（张雪峰，2019），进而提升其融资能力，使其能够做大做强，只有这样才能使其在公共体育服务治理中发挥更大作用。

四是理顺"村改居"社区原村集体经济组织与社区党组织和居委会的关系，原村集体经济组织的主要权责是行使对原村集体资产的管理经营权，使集体资产能够保值、增值，其股东为原村民；而社区党组织是中国共产党设立在社区的基层领导组织，社区居委会是以社区公共事务治理为权责重点的群众性自治组织。社区党组织和居委会要对原村集体经济组织发挥引导、支持与监督作用，但不应包办原村集体经济组织的经营管理事务，而且应逐步减少其成员在原村集体经济组织经营管理层交叉任职的人数占比（杨贵华，2014a）。同样，在公共体育服务治理上，社区党组织和居委会可以引导、支持原村集体经济组织面向居民提供公共体育服务，但不应强制干预。

五是"村改居"社区原村集体经济组织应转变将业务经营范围主要集中于物业经济的思路，要积极拓展经营范围、增大创收空间。对此，政府、社区可以通过财政补贴、税收优惠等手段，鼓励有条件的原村集体经济组织充分挖掘当地的地域、文化、产业特色，投资体育旅游、体育健身、体育用品制造等产业，这既顺应了国家大力发展体育产业的导向，也有助于丰富社区公共体育服务的供给形式。

六是政府在购买公共体育服务上，可以适当向"村改居"社区原村集体经济组织倾斜，一方面有助于扶持原村集体经济组织的发展；另一方面有助于鼓励其介入社区公共体育服务治理。

七、提高物业公司公共体育服务治理的专业化水平

据统计，2018年，我国非农家庭自有住房拥有率为85.39%，远远超过世界平均水平（约60%）。而截至2017年末，我国物业服务企业数量已达到11.8万家，从业人员数量达到904.7万人，管理面积也达到246.6亿平方米，几乎覆盖了不动产管理的所有领域，可以说绝大部分拥有房产权的城镇居民接受着物业公司的服务与管理（闵学勤，2019）。作为扎根于"村改居"社区的市场组织，物业公司的引入不仅有助于提升社区的公共服务供给质量，也有助于缓解社区党组织和居委会在社区公共资源、物品与设施管理上的负担，使得其可以把更多的精力投入在社区居民自治以及社区重大事务决策上。然而，"村改居"社区物业公司面临着部分居民少交、拖欠甚至拒交物业服务费，地方政府设定的"村改居"社区物业服务费指导价格偏低，在人员聘用与经营管理上受社区居委会干预较多等因素的制约，使得其整体的营收状况不理想、专业化水平不足；而这其实也较大程度地限制了物业公司在"村改居"社区公共体育服务治理上的作用发挥。

在提高社区物业公司专业化水平，使其在"村改居"社区公共体育服务治理中发挥更大作用上，本研究提出以下建议。第一，本研究在实地调研与访谈中发现，地方政府往往出于维护社区稳定的目的，适当压低"村改居"社区的物业服务费指导价格，较大程度上影响了物业公司正常的营收情况。然而，作为市场主体，逐利性的本质又驱使物业公司通过压缩服务成本的形式来维持正常运转，这事实上弱化了其服务质量，反而容易引起社区居民的不满。对此，地方政府要转变治理理念，一方面要在拆迁补偿中遵循《国家新型城镇化规划（2014—2020年）》中"以人的城镇化为核心"（中共中央 等，2014）的指导思想，尽力满足大部分居民合理的拆迁补偿需求，做好其安置工作，使其能够在城镇扎根；另一方面要根据党的十八届三中全会关于"大幅度减少政府对资源的直接配置，推动资源配置依据市场规则、市场价格、市场竞争实现效益最大化和效率最优化"（中共中央，2013）的要求，适当放松对"村改居"社区物业服务费的价格限制，使物业公司能够实现正常的营收，进而可以投入足够的人、财、物提升其专业化服务水平，更好地满足居民包括体育在内的服务需求。

第二，"村改居"社区居委会往往考虑到维护社区稳定的需要，强制性要求物业公司在员工聘用上优先考虑回迁居民，而且也会经常干预物业公司的决策与管理，这进一步弱化了物业公司的专业化水平。对此，要进一步明确社区居委会与物业公司之间应是指导与被指导的关系，而不是领导与被领导的关系。社区居委会应在协调业主委员会与物业公司的关系，以及为物业公司开展社区服务提供便利条件上发挥更大作用，而不是干预物业公司正常的人员聘用与业务管理。物业公司则应主动接受社区居委会的指导和监督，并积极参与社区包括体育在内的部分公共体育服务治理。

第三，可以由"村改居"社区党组织牵头成立由"社区"两委成员、居民代表以及物业公司代表共同组成的物业服务委员会，这样既有助于协调社区各方力量，帮助物业公司克服困难，提升其服务质量，也有助于更充分地反映居民包括体育在内的服务需求，搭建物业公司与居民之间的供需沟通平台。

第四，在普通城镇社区，通常由业主委员会代表业主与业主大会决定选聘的物业公司签订合同，监督和协助物业公司履行物业服务合同（国务院，2018）。然而，由于"村改居"的周期一般持续时间较长，所以其业主委员会的成立也相对滞后，导致业主对于物业公司的选聘、解聘以及监督权力处于"空转"状态，业主诉求难以得到有效地落实。对此，街道办事处、社区居委会要在"村改居"的中期（即大部分原村民已回迁完成的情况下），指导居民成立业主委员会，以更好地推进"村改居"社区治理结构向普通城镇社区治理结构的转变，这也有助于督促物业公司更好地为居民提供包括体育在内的专业服务（如图4-2所示）。

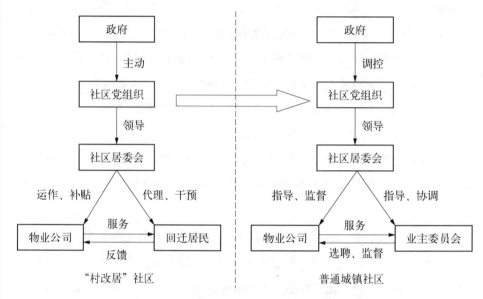

图4-2 不同社区物业公司选聘与运行框架

资料来源：(宋辉，2019)[66]

第五，根据《关于加快发展体育产业 促进体育消费的若干意见》关于"引导经营主体提供公益性群众体育健身服务"，"政府以购买服务等方式予以支持"（国务院，2014）的精神，在"村改居"社区公共体育服务供给上，要进一步推进"放管服"，通过财政补贴、税收减免、信贷优惠等方式吸引物业公司承接政府购买服务。对于部分"村改居"社区准公共体育产品，可采取拍卖、租赁、承包、股份合作等形式转让给物业公司，并授予其一定年限的产权收益权，以此来调动其参与公共体育服务治理的积极性（马德浩，2020）。

第六，基于"村改居"社区物业服务质量参差不齐的现状，要进一步健全对物业公司的质量评估及奖惩机制。比如，可以委托第三方评估机构，对物业公司的服务质量进行评估，并进行分级，评级较高的物业公司可以给予适当奖励，对于评级较低的物业公司给予警示并督促其整改，对于长期处于低评级水平的物业公司可进行解聘（盛智明，2017）。通过质量评估以及奖惩机制，促使物业公司提高包括体育在内的服务供给质量。

八、重视业主委员会在公共体育服务治理中的作用

业主委员会是社区居民自治组织的重要组成部分，在维护社区业主的权利，监督物业公司更好地履行合同，进而保障社区居民的公共利益方面具有积极作用。此外，业主委员会的成立也有助于培养居民的自治意识，代表业主参与社区公共服务治理的民主决策，对于提升社区公共服务的质量也有着较好的促进作用。所以，在我国普通城镇社区，业主委员会与社区居委会、物业公司在社区具体公共事务治理中扮演着"三驾马车"的角色（吴莹，2018）[221]。在"村改居"实践中，业主委员会的成立相对滞后，社区物业公司也多由地方政府、居委会、原村村委会提前协商选定。即使部分"村改居"社区后来组建了业主委员会，其角色也处于边缘化的地位，且受到社区居委会的干预较多，难以对物业公司所提供的包括体育在内的服务进行监督与反馈，难以代表业主参与社区重大事务的决策。此外，业主委员会的议题大多与社区房屋修缮和环境维护有关，涉及公共体育服务的议题很少，其在公共体育服务治理中的作用发挥比较有限。

在健全业主委员会组织结构，使其在"村改居"社区公共体育服务治理中更好地发挥自治、监督与反馈作用上，本研究提出以下建议。第一，业主委员会实质上是将业主"原子化"的权利转化为法定的组织化权利，并代表全体业主维护公共权益的组织（张振 等，2015）。对此，街道办事处、社区居委会要积极指导居民成立业主委员会（具体成立时机前文已谈及），使其成为"村改居"社区实现居民自治的重要主体。这一方面有助于发挥业主委员会代表业主选聘、监督物业公司的作用，促使物业公司更好地为居民提供包括体育在内的专业化服务，另一方面也有助于调动居民参与包括体育在内的社区公共服务治理的积极性，减轻社区居委会的治理压力。

第二，理顺"村改居"社区居委会与业主委员会的关系。社区居委会是整体性、全能型的群众自治组织，其自治职能涵盖涉及社区公共事务和公共利益的各个方面，可以对业主委员会进行指导和协调；业主委员会是业主的自治组

织,其主要职能是代表业主选聘、监督物业公司,向居委会反馈业主的诉求,协助居委会进行社区治理(黄娟,2010)。具体到公共体育服务治理上,社区居委会与业主委员会也应是指导与被指导、协调与被协调的关系。

第三,地方政府应根据我国《住宅专项维修资金管理办法》的规定,在"村改居"社区业主委员会成立后,将"住宅专项维修资金账面余额划转至业主大会开立的住宅专项维修资金账户,并将有关账目等移交业主委员会"(建设部等,2007),以确保业主大会对住宅专项维修资金的管理权与使用权,进而使业主委员会可以更好地代表业主优化社区环境,满足业主对包括体育在内的场地与设施服务需求。

第四,"村改居"社区业主委员会可以通过设立业主监督小组的形式规范业主委员会的选举、决策与资金使用程序,通过设置宣传小组的形式进行信息公开,通过设置业主议事小组的形式广泛征询业主的诉求。通过健全组织结构,使业主委员会能够更好地维护和满足业主包括体育在内的服务需求。

第五,针对"村改居"社区业主委员会自治效率低的问题,可以基于楼栋、组团等多样化的次级自治网络,探索在业主大会与业主委员会之间设置一个规模适度的常任组织,形成一个与业主紧密联系且人数适中的代表群体(王德福,2019),以提升其对包括体育在内的物业服务的自治效率。

第六,由于"村改居"社区业主身份具有多样性的特点,业主委员会可以在借助原村民以血缘或地缘关系为主的关系网络的基础上,挖掘以趣缘、业缘为主的关系网络,实现对异质化与碎片化个体的再组织(班涛,2017)。比如,以体育爱好为关系网络来提升业主间的凝聚力,一方面可以增进业主委员会与业主间的沟通,调动业主参与物业管理事务的积极性,提升业主委员会的公信力与影响力;另一方面也可以优化社区的体育健身环境,活跃社区的体育健身氛围。

第三节 优化公共体育服务治理结构的对策

一、推进治理结构由单中心向多中心转变

多中心治理理论认为,假如公共服务由政府作为单一主体来供给,虽能保

证其公共性，但也会带来公共服务供给渠道单一、无法满足居民多样化需求的问题，而且容易导致政府权力寻租以及供给效率低下等负面效果。假如公共服务由市场组织作为单一主体来供给，虽然能提高公共服务供给效率、满足居民的多样化需求，但也容易导致公共服务缺乏公共性以及阶层差异拉大等弊端（李泉，2012）。所以，多中心治理理论强调包括政府、社会组织、市场组织以及居民等多元主体共同参与公共服务供给。然而，由于"村改居"社区主要是由政府推动建立的，导致社区党组织以及居委会在公共体育服务治理中更多地是听命于上级政府的指令，社区服务站以及公益性服务机构也更多地扮演着执行者的角色，社区体育社会组织整体上处于"数量少、活力弱"的现状，具有市场组织性质的原村集体经济组织和物业公司难以在公共体育服务治理中有所作为，业主委员会在公共体育服务治理中的自治权也受到较大限制。从整体上讲，"村改居"社区公共体育服务目前仍处于单中心治理的状态，这也是导致公共体育服务居民满意度偏低的一个重要因素。

在推动"村改居"社区公共体育服务治理结构由单中心向多中心转变上，本研究提出以下建议。

第一，针对"村改居"社区党组织和居委会行政化倾向严重的现状，政府应改变大包大揽的传统做法，积极推进社区治理的权责清单制度，指导社区依法对包括体育在内的公共事务进行自治。

第二，需要指出的是，强调多中心治理并非指政府要退出"村改居"社区公共体育服务治理，而是要合理界定政府公共体育服务供给的范围，否则就容易出现无中心治理的现象（马德浩，2018a）。对此，政府应着重强化基本公共体育服务供给，比如：基本的社区公共体育服务经费下拨；基本的体育场地设施建设；基本的社会体育指导员配给等。而对于一些提高型、发展型的准公共体育服务（比如：体育场地设施的扩建；体育健身的个性化指导；体育活动的多样化组织等），则可以交由社区党组织和居委会、体育社会组织、市场组织等主体进行供给。

第三，政府应进一步下放审批权力、简化审批程序，放宽对体育社会组织、市场组织承接政府购买公共体育服务的准入限制，通过财政补贴、税收优惠、土地廉价转让等措施鼓励体育社会组织、市场组织参与"村改居"社区公共体育服务治理（马德浩 等，2014a），同时要建立有效的监管制度，防止公共体育服务变质现象的发生。

第四，当前"村改居"社区党组织与居委会成员的重合度较高，居委会主任也多兼任党组织书记或副书记，部分社区甚至是"两块牌子、一套班子"，这虽然在短期内便于社区进行高效率的决策以及治理举措的执行，然而从长期看也会导致两者权责的混淆，甚至形成"合谋"（杨宏伟，2013）[48]。对此，要适当控制社区党组织与居委会成员交叉任职的比例，通过引入权责清单制度明确两者的权责范围，各司其职、各负其责。具体到公共体育服务治理上，社区党组织应在公共体育服务治理中发挥领导、协调与支持的"元治理"作用；而居委会作为公共体育服务治理的关键依托，则应在组织居民对公共体育服务治理进行自治的同时，主动联合社区服务站、公益性服务机构、体育社会组织、原村集体经济组织、物业公司、业主委员会等主体对公共体育服务进行共同治理。

第五，目前"村改居"社区公共体育服务存在"多头供给、重复供给、低效供给"的问题，导致这一问题出现的根本原因在于未真正了解居民到底需要哪些公共体育服务，其实就是前文所论及的"见物不见人"的问题。对此，可以由社区居委会或业主委员会通过居民（代表）大会或业主（代表）大会等形式定期收集居民的公共体育服务需求，形成居民公共体育服务需求清单，然后将需求清单反馈给社区服务站、公益性服务机构、体育社会组织、市场组织等主体，使其能够根据自身业务范围与能力，为居民提供导向更为明确、人群更为细化的公共体育服务供给，进而避免多中心治理可能产生的无序治理困境（郁俊莉 等，2018）。

二、推进治理结构由垂直型向扁平化转变

治理理论是在对传统的管理主义进行批判与反思的过程中不断丰富与拓展出来的理论（霍建国，2019）。管理主义强调以政府为中心对公共事务进行自上而下的管理，表现为带有明显层级特征的垂直型结构。治理理论则强调政府、社会组织、市场组织与居民等主体共同治理公共事务，表现为基于网络治理、协作治理与自主治理的扁平化结构。"村改居"社区现行的公共体育服务治理结构呈现出垂直型的特征。这种垂直型的公共体育服务治理结构，虽然有助于政府自上而下地对社区公共体育服务进行纵向治理，但也导致"村改居"社区党

组织、居委会事务繁杂，往往会采用简单、敷衍的方式进行公共体育服务治理。同时，它也限制了"村改居"社区体育社会组织、市场组织的发展以及居民利益代表团体在公共体育服务治理中的作用发挥。此外，"一刀切"式的公共体育服务供给容易造成公共体育服务"供非所需"的困境；而且，体育行政管理体系纵向层级的"基层淹没"问题也严重限制了"村改居"社区公共体育服务的有效治理。

在推动"村改居"社区公共体育服务治理结构由垂直型向扁平化转变上，本研究提出以下建议。

第一，街道办事处属于区（县）政府的派出机构，从法理上讲不是一级政权，没有税收征管、行政执法、人事任免等权力（宿玥，2020）。然而，在实际运行中，由于区（县）政府往往把原本属于自身履行的多数权责以属地管理的名义委派给街道办事处，使得街道办事处较大程度上承担了一级政府的权责；而街道办事处又作为"二传手"把一系列事务委托给社区居委会，导致街道办事处与社区居委会均处于人少事多的状态，难以对包括体育在内的公共服务进行有效治理。对此，要根据党的十九届四中全会关于"按照权责一致原则，规范垂直管理体制和地方分级管理体制"（中共中央，2019）的精神，厘清区（县）政府和街道办事处各自的权责清单，区（县）应把原属于自己的招商引资、市政执法、食品药品监管等权责切实承担起来，把属于街道办事处承担的权责（如管理、服务居民群众等）下放给街道办事处，淡化街道办事处的经济权责，强化其包括体育在内的公共服务方面的权责（周振超 等，2019）。

第二，由于街道办事处没有独立的财政预算体系，使其难以有足够的资金对包括体育在内的公共服务进行治理，面临着"无米下锅"的困境。对此，区（县）政府在把包括体育在内的公共服务事权下放给街道办事处的同时，也应根据"费随事转"的原则把相应的财政拨款及其使用权下放给街道办事处，进而破解街道办事处"没钱办事"的困境，实现事权与财权的匹配。

第三，街道办事处也应进一步把不属于社区的事权收回来，把本属于社区的事权与财权进行下放，以促进社区自治的良性开展。对此，可以借鉴成都市的经验，在健全市、区（县）、街道、社区四级便民服务平台的基础上，基于"权责一致、依法下放、能放则放、按需下放"的原则，采取授权、委托、下移的方式，将社保、就业、教育、体育等服务事项下沉到社区便民服务平台办理，构建居民 15 分钟公共服务圈，取得了良好效果（陆军 等，2019）。

第四，针对"村改居"社区公共体育服务垂直型治理结构存在的"基层淹没"问题，要进一步理顺区（县）、街道办事处与社区三个层级的权责，区（县）体育局或文体局要像团委、妇联一样，将公共体育服务的组织管理工作延伸到社区，在街道办事处建立体育工作领导小组，设立街道办事处体育工作站，由区（县）体育局或文化体育局对其进行统一管理。在此基础上，以街道办事处体育工作站为支点，在社区设立相应的体育工作点，社区体育工作点作为街道办事处体育工作站的延伸机构，在业务上对接街道办事处体育工作站分派下来的相应职能，并与社区居委会共同治理社区公共体育服务。在相应的分工上，社区体育工作点主要负责指导、管理、组织社区公共体育服务，居委会应负责具体的落实与协助工作。

第五，根据党的十九届三中全会关于"实行扁平化和网格化管理"，"推动治理重心下移"的精神（中共中央，2018a），要将"村改居"社区公共体育服务治理积极嵌入社区网格化治理机制中，充分发挥网格长、网格员在公共体育服务治理中的作用（下文将对此进行重点论述），推动公共体育服务治理重心的进一步下移，进而实现公共体育服务扁平化治理结构与网格化治理机制的良性互动。

三、推进治理结构由碎片化向整体性转变

为了解决政府内部各部门间分割以及各地方政府间分割的"碎片化"结构问题，国外学者提出了整体性治理的理论。它强调以公民需求为导向，强调信息技术的运用，以协调、合作、责任为主要机制，重视政府各部门职能间的耦合、结构间的整体性以及治理秩序的清晰明了，进而破解政府职能分散、结构碎片化以及治理失序等问题（李祥 等，2018）。事实上，"条"与"块"的关系也是分析我国地方政府治理结构的一个重要现实背景。目前，我国在"条"与"块"的关系上主要存在"条条"间割裂式运行以及"条块"间相互牵制两大问题；而这两大问题也共同导致了我国地方政府治理结构的碎片化现状。近年来，党和国家关于"推进社会治理重心向基层下移"的要求，提升了"条条"的权能，一定程度上提高了包括体育在内的公共体育供给的顺畅性与可达性。然而，

这也加深了"条条"与"块块"权能间的失衡，弱化区（县）政府、街道办事处对其内部各职能部门的协调与整合能力。此外，"条条"的权能增大，助长了"条条"的部门主义倾向，这其实也造成了"村改居"社区公共体育服务治理结构的碎片化现状。这种碎片化的治理结构往往致使"村改居"社区公共体育服务供给陷入低水平重复以及"供非所需"的困境，同时也难以调动社区居民参与公共体育服务治理的积极性。

在推动"村改居"社区公共体育服务治理结构由碎片化向整体性转变上，本研究提出以下建议。

第一，国务院于2016年成立了全民健身工作部际联席会议制度，这是党和国家推动公共体育服务治理多部门联动的重大举措。2018年，全国已有90%的省（市）政府、78%的市（区）政府、61%的区（县）政府构建了全民健身工作领导协调机制（国家体育总局，2019）[9]。在此基础上，可以进一步健全从中央到地方的公共体育服务治理多部门协同治理机制，就公共体育服务治理中的重点与难点问题进行多部门协商，进而破解公共体育服务治理"条条"间割裂式运行的现状。

第二，发达国家为解决多部门参与公共服务治理可能出现的推诿扯皮、"搭便车"等消极行为，通常采用行政缔约制度。我国在公共体育服务治理上，也可以积极借鉴该经验，即借助全民健身工作领导协调机制，制定公共体育服务治理的多部门合作清单，并就公共体育服务的合作事宜以行政契约的形式签订合作协议，明确各自的分工与责任，将原本松散的、临时性的多部门合作关系固定化、制度化（马德浩，2019b）。

第三，信息技术的快速发展，为公共体育服务的多部门协同治理提供了新路径。对此，可以通过公共体育服务多部门协同治理电子政务平台的建设，打破部门间公共体育服务治理的信息壁垒，通过信息共享、联合办公、共同处理等手段，提升公共体育服务多部门协同治理能力（马德浩，2018a）。

第四，完善公共体育服务治理的"条块"关系。党的十九届三中全会提出："上级机关要优化对基层的领导方式，既允许'一对多'，由一个基层机构承接多个上级机构的任务；也允许'多对一'，由基层不同机构向同一个上级机构请示汇报。"（中共中央，2018a）对此，可以积极推广"街乡吹哨、部门报到"的模式，即街道办事处或乡镇发现辖区治理中的严重问题，可以通过"吹声哨"来邀请地方政府相关职能部门进行"会诊";通过这个机制,街道办事处或乡镇被赋予了治理的"召集权",召集信号发出后,各相关职能部门工作人员必须赶到现场,根据各自职责拿出具体的治理措施(陆军 等,2019)。习近平总书记于2018年主持召开的中央全面深化改革委员会第五次会议审议通过了《"街乡吹哨、部门报到"——北京市推进党建引领基层治理体制机制创新的探索》。这一模式的推广有助于从整体上理顺基层公共体育服务治理的"条块"关系,充分发挥街道办事处在公共体育服务治理中的综合协调能力。

第五,目前民政部门、文化部门、体育部门等"条条"均有相应的与公共体育服务相关的项目与经费下拨到"村改居"社区,但很多公共体育服务项目是重复的、低水平的,并没有得到较好的整合。对此,可以着力把社区服务站打造成枢纽型、沟通性平台,更好地整合政府"条条"下拨下来的公共体育服务项目与经费,以破解公共体育服务项目供给重复、资源浪费的问题。

第四节 优化公共体育服务治理机制的对策

一、细化项目制机制

在分税制改革的背景下,政府财政经费的分配出现了另一种依靠"条线"框架运行的机制,即项目制。目前,我国很多公共服务的供给是以项目制的形式自上而下运行的。项目制与我国行政管理体系常态运行所采取的行政发包制既有相同之处(比如两者均依附于科层制框架而运行,均存在从"发包"到"抓包"的过程等),两者也存在着较大的差异,具体体现在是否引入竞争机制、是否将社会组织与市场组织吸纳到运行框架内、是否采取标准化的设计等。"全民健身工程"等项目建设,可谓是公共体育服务治理项目制运行的典型表现,它在"村改居"社区公共体育服务供给上发挥了"兜底"式的作用,一定程度上避免了专项公共体育服务经费被地方政府变相转移的可能,也为体育社会组织、市场组织参与社区公共体育服务治理提供了机会。然而,项目制在"村改居"社区公共体育服务治理中也存在一些现实问题,比如:"一刀切"式的项目建设相对忽略了不同人群的体育健身需求差异,难以满足居民的多元化需求;

项目制供给带有运动式治理的特点，缺乏稳定性与可持续性，致使一些体育健身器材或场地常常因缺乏后期维护而难以使用；项目制供给由于相对忽略了社区党组织和居委会的作用发挥，难以形成有效的公共体育服务治理制度嵌入；项目制供给在运行中由于采取了竞争机制，容易造成"强者越强、弱者越弱"的马太效应，拉大不同区域"村改居"社区的公共体育服务差异。

在细化"村改居"社区公共体育服务治理项目制机制上，本研究提出以下建议：

一是在通过项目制机制进行"村改居"社区公共体育服务供给前，应做好项目实施前的调研与访谈工作，切实了解居民的公共体育服务需求，以使公共体育服务供给契合居民的需求。

二是在调研与访谈的基础上，还应进一步健全"村改居"社区公共体育服务治理项目制机制的论证与听证程序，让专家、社区"两委"成员以及居民代表能够参与到公共体育服务治理项目制机制的决策中来，保证项目制机制运行既能"顶天"，又能"立地"。

三是要充分考虑到不同地区"村改居"社区公共体育服务发展的差异，给予地方政府一定的自主权，在保证中央经费均衡下拨的基础上，鼓励地方政府给予经费配套，进而形成差异化的公共体育服务供给格局，避免中央政府公共体育服务项目制供给与发达地区现有公共体育服务供给出现低水平重复的情况（马德浩，2020）。同时，也应注意通过财政转移支付或专项经费等形式注重对欠发达地区公共体育服务项目制供给的倾斜与扶持，缩小不同区域"村改居"社区的公共体育服务差异。

四是要考虑到"村改居"社区不同人群的公共体育服务需求，面向妇女、儿童、老年人、残疾人等特殊群体提供符合其身心发展需求的公共体育服务供给，进而避免公共体育服务项目制供给"一刀切""靶向单一"的问题。

五是健全"村改居"社区公共体育服务治理项目制机制的追踪与反馈机制，根据追踪与反馈结果及时调整公共体育服务项目制供给的实施方案，避免出现"一次性消费"的形式主义倾向。

六是在实施"村改居"社区公共体育服务治理项目制机制过程中，要强调制度嵌入，重视社区党组织、居委会、服务站、体育社会组织、物业公司、业主委员会等多元主体的作用发挥，吸引其积极参与到公共体育服务的项目制供给中来，打造公共体育服务治理政府项目制供给与居民自治良性互动的格局，做到"踏石留印、抓铁有痕"，避免公共体育服务项目制供给"蜻蜓点水，治标不治本"的问题（焦长权，2019）。

二、完善网格化机制

为了推进社会治理重心向基层下移，我国借助现代信息技术，在社区治理上引入了网格化机制，并在试点基础上开始进行全国范围的推广。对于"村改居"社区公共体育服务治理而言，网格化机制的引入有其积极的现实价值。比如：有助于公共体育服务的精准供给以及收集居民的公共体育服务需求；有助于整合公共体育服务资源，一定程度上避免公共体育服务供给低水平重复以及资源浪费等问题；有助于完善公共体育服务治理的评价机制；有助于为多元治理主体参与公共体育服务治理提供互动与合作平台；等等。然而，由于网格化机制仍在探索过程中，尚不完善，其在公共体育服务治理上也有一定的局限性。比如：增加了基层政府以及社区的财政压力，势必会影响到基层政府与社区投入公共体育服务上的经费；弱化了社区"两委"的权威，相对地压缩了社区"两委"对社区公共体育服务进行自治的空间；强化了政府的权责，可能会对社区公共体育服务多元主体共治格局的构建形成掣肘；社区网格权责泛化，往往对网格内的民意收集以及公共体育服务治理做简化处理；等等。

在完善"村改居"社区公共体育服务治理网格化机制上，本研究提出以下建议：

第一，政府要主动调整"管理主义"的行政思路，即不再把网格化机制的引入视为其单向度行政管理在"村改居"社区中的行政延伸与扩张，不应简单地把维护社区稳定作为首要目标；而应以服务居民为导向，把包括体育在内的公共服务积极引入网格化机制，并着力把网格化机制打造成为各类社区治理主体互动与合作的平台，进而实现从网格化管理向网格化治理的转变（姜晓萍等，2015）。

第二，随着政府治理重心下移，大量的治理事务也下沉到"村改居"社区网格中，使得网格员被戴上了"信息员""服务员""监管员""接待员""宣传员"等帽子，使得他们只能对网格内的民意收集以及包括体育在内的公共服务治理做简化处理。对此，政府要建立社区网格事务的准入制度，厘清哪些事务应下沉到网格、哪些不应该下沉到网格，以此来为网格员减负，使其能够在民意收集以及包括体育在内的公共服务治理上切实投入工作精力、发挥作用。

第三，目前"村改居"社区各类网格（如综治网格、安监网格、商贸网格等）相互交织，不仅使得网格员的负担过重，也弱化了各类网格的作用发挥。对此，可以借鉴江苏省"社会综合联动治理"的实践模式，通过实施"多网合一"的织网工程，强化全要素基础网格的建设，更好地整合社区治理网格，使其在包括体育在内的公共服务治理上发挥整合作用（叶继红 等，2019）。

第四，由于在网格员的聘用上，地方政府有着更大的权力，网格员也更多地听命于地方政府及其职能部门，而不是"村改居"社区"两委"成员，相对地压缩了社区"两委"对社区公共体育服务进行自治的空间。对此，要进一步下放网格员的聘任权与考核权。可以建立由社区"两委"成员以及居民代表组成的网格员评聘工作小组，定期对网格员的聘用以及工作绩效进行考核，这一方面可以督促网格员更积极地参与包括体育在内的公共服务治理；另一方面也有助于促进网格化机制与居民自治的有效融合。

第五，针对"村改居"社区网格员更多地扮演收集信息、上报信息，难以转化信息为"村改居"社区治理提供决策参考的现状，要推进网格信息资源共享机制的建设（姜晓萍 等，2015），把网格收集的信息及时反馈给社区党组织、居委会、服务站、公益性服务机构、体育社会组织、物业公司以及业主委员会等主体，使其能够更好地进行包括体育在内的公共服务治理。

第六，可以通过设立"村改居"社区网格协管员、片区网格协管员、楼栋网格协管员以及单元网格协管员的形式（陈伟东 等，2019），推动社区网格的进一步下沉。这一方面有助于增进网格员与居民的沟通，调动居民参与公共体育服务治理的积极性；另一方面也可以壮大网格员队伍，提升公共体育服务治理网格化机制的效能。

三、夯实法治机制

治理与管理另一个主要差异表现为：权威主体的性质不同，管理更多地强调人治；而治理则更多地强调法治，衡量一个国家治理是否为善治的重要标尺之一，便是宪法和法律是不是公共事务治理的最高权威（俞可平，2015）[2-3]。改革开放以来，我国法治建设取得了显著成效，在体育法治建设上颁布了包括《中华人民共和国体育法》《公共文化体育设施条例》《全民健身条例》等在内的系列法律法规，较好地保障了公民体育权利，促进了体育事业的有序发展。然而，受公民体育权利尚未得到更高"位阶"法律的明确、体育法律法规约束性与操作性不强、"甘冒风险"原则在体育伤害事故归责时没有得到明确而不适用、"村改居"社区"两委"成员法治意识相对淡薄等因素影响，"村改居"社区公共体育服务治理的法治机制仍处于"嵌入不能"的状态。

在夯实"村改居"社区公共体育服务治理法治机制上，本研究提出以下建议：

第一，不管是《中华人民共和国宪法》还是《中华人民共和国体育法》，尚没有直接规定公民体育权利的条款，这其实是导致"村改居"社区居民体育权利得不到较好保障的一个重要原因（姜熙，2015）。对此，要在《中华人民共和国宪法》《中华人民共和国体育法》的修订中，对公民体育权利进行清晰的确认，以更好地保障公民体育权利。

第二，我国目前很多体育法律法规的内容往往是宣示性、原则性条款，缺乏相应的奖惩措施与执行程序说明，难以为"村改居"社区公共体育服务治理提供坚实、可操作的法律保障。对此，在制度设计与语言选择上要强化体育法律法规的强制性特质，明确对侵犯公民体育权利行为的处罚措施，以提升体育法律法规的可操作性（马德浩，2018a）。

第三，在《中华人民共和国体育法》等高"位阶"法律的修订中，要考虑到体育运动的特殊性，使"甘冒风险"的原则在体育伤害事故处理中能够得以明确与适用，进而解除束缚在"村改居"社区体育活动组织者头上的"紧箍咒"，使其能够积极、合理地依法组织社区体育活动（谭小勇，2014）。

第四，由于"村改居"社区正处于向普通城镇社区转型的过渡阶段，社区各主体间的法治关系尚未理顺，这也较大程度上制约了公共体育服务治理法治机制的有效嵌入。对此，要明确社区党组织是公共体育服务法治化治理的领导核心，在公共体育服务法治化治理中发挥总揽全局、协调各方、整合力量的作用；社区居委会、业主委员会等自治组织是公共体育服务法治化治理的主要执行者；体育社会组织、市场组织是公共体育服务法治化治理的重要参与者；居民是公共体育服务法治化治理的主人翁以及依靠主体（夏芸芸，2018）。

第五，"村改居"社区"两委"成员整体的法治意识仍相对淡薄是导致公共体育服务治理"法制悬浮"的重要因素。对此，一方面可以招聘具有法律专业背景的人才充实到社区"两委"成员中；另一方面可以通过加强社区体育法治宣传、加强体育法律法规知识培训等措施，提升社区"两委"成员的体育法治意识，使其能够在公共体育服务治理过程中做到依法行事。

四、有效利用非正式制度机制

"亦城亦村"的过渡性与双重性是理解"村改居"社区治理的一个根本前提。"村改居"社区居民虽已"洗脚上楼"、完成了身份的转换，但他们仍固守着农村的传统文化、交往方式以及生活方式。在这种背景下，源自农村的风俗习惯、文化传统、道德观念等非正式制度对于"村改居"社区治理能够起到积极的促进作用。一方面表现为它们能够维持原村民之间的信任及其对社区的归属感，有助于社区共同体的构建；另一方面表现为它们有助于提升社区社会资本，进而降低社区治理成本。在"村改居"社区公共体育服务治理上，也应积极利用非正式制度，重视原村民俗体育活动的传承与发扬。然而，在"村改居"实践中，并没有对原村的非正式制度给予足够的重视，更多地是简单复制普通城镇社区的治理模式，致使很多原本适用于普通城镇社区的治理举措难以在"村改居"社区有效执行。这种治理困境也存在于公共体育服务治理上：一方面表现为以政府为本位提供的公共体育服务与居民实际健身需求存在偏差；另一方面表现为乡贤或长老的权威被削弱、大部分村规民约被废止，民俗体育活动的传承出现断裂。

在有效利用"村改居"社区公共体育服务治理非正式制度机制上，本研究提出以下建议：

一是基层政府应重视非正式制度在"村改居"社区治理上的积极作用，引导社区制定符合国家大政方针以及地方风土人情的社区公约，形成街道办事处党委把关定向，社区党组织、居委会组织居民协商制定社区公约的机制，更好地发挥社区公约在促进居民对包括体育在内的公共服务进行自治的重要作用。

二是可以借鉴浙江省嘉兴市 L 社区建立百姓议事会、乡贤理事会、社区老娘舅、法律服务团、道德评审团以及百事服务团等自治组织以助推自治、法治、德治相融合的经验，使非正式制度机制能够更深入、有效地嵌入"村改居"社区包括体育在内的公共服务治理中。

三是可以参照安徽省合肥市T社区推行"好人榜"评选以及山东省枣庄市S社区推行"善行义举四德榜"评选的经验，引导"村改居"社区设立"体育能人榜"，将激励举措引入公共体育服务治理非正式制度机制，激发居民体育参与的积极性。

四是根据《国家新型城镇化规划（2014—2020年）》关于"传承和弘扬优秀传统文化，推动地方特色文化发展"（中共中央 等，2014）的要求，积极挖掘"村改居"社区原村民俗体育活动，可以对原村民俗体育活动从结构、形式、内容、方法上进行适当改进与创新，使其适应更多居民的体育参与需求；但不应全盘对标现代西方体育运动形式进行"削足适履"式的改造（祝良 等，2016）。

五是在"村改居"社区公共体育服务的项目制供给中，可以设立一定比例的民俗体育振兴项目，引导社区重视民俗体育活动的开展以及民俗体育社团的培育，夯实公共体育服务治理非正式制度机制运行的社会基础。

六是充分发挥"村改居"社区原村乡贤或长老在民俗体育活动中的发起与倡导作用，通过经费补贴、场地支持、荣誉肯定等形式鼓励他们牵头成立民俗体育活动社团。同时，街道办事处、社区党组织与居委会也应搭建民俗体育活动社团的推广平台，利用节庆时机让民俗体育活动社团能够展示风采，并通过新闻报道、宣传栏展示等形式扩大其在居民中的影响力，并重视民俗体育活动社团骨干力量的培养，提升其可持续发展能力。

五、充分激活志愿机制

志愿机制能够在一定程度上弥补公共服务三大供给主体——政府、市场组织、社会组织可能存在的供给失灵问题。对于"村改居"社区治理而言，居民志愿机制的激活也有着多方面的积极作用，比如，提升社区整体的社会资本，缓解政府标准化公共服务供给与居民公共服务多元需求之间的矛盾，延伸政府公共服务供给的广度和深度等。虽然部分"村改居"社区在利用居民志愿机制进行公共体育服务治理上进行了探索性尝试（比如志愿积分奖励制度等），并取得了一定的成效，但是仍存在社会体育指导员人均数量偏少且健身指导率偏低，公共体育服务志愿激励机制建设不健全，一些经常参与社区体育活动组织或体育健身指导的居民志愿者难以被纳入社会体育指导员队伍中等现实问题，使得"村改居"社区公共体育服务治理志愿机制尚未被充分激活。

在充分激活"村改居"社区公共体育服务治理志愿机制上，本研究提出以下建议。

第一，从发达国家的公共体育服务治理经验来看，志愿机制的激活与健全的法治保障密切相关。比如，美国印发了《志愿服务法》《志愿者保护法》《服务美国法》《全美服务信任法案》以及《全国与社区服务法案》等与志愿服务相关的多层次、多领域法律法规，以保障志愿者的合法权益，鼓励其参与志愿服务（王占坤，2017）。据统计，美国每年从事社区志愿服务的人数多达3 800万人，其中从事社区体育志愿服务的人数至少有1 700万人，约占其人口总数的5.5%（薛玉佩，2012）。我国也应在《志愿服务条例》的基础上，进一步完善相关领域的配套立法，比如制定《志愿者保护条例》《社区志愿服务条例》《体育志愿服务条例》等，构建系统完备且专业化的志愿服务法律法规体系，为"村改居"社区公共体育服务治理志愿机制的作用发挥提供法治保障。

第二，志愿机制的激活也与政府以及相关部门制定科学合理的发展规划密切相关。比如，英国为了鼓励更多居民参与体育志愿服务，推出了《志愿者参与计划》和《经营体育计划》。其中，前者旨在支持社区体育发展，重点是培训志愿工作的统筹协调人员；后者旨在帮助体育俱乐部和志愿者高效地经营和运转俱乐部（王占坤，2017）。据统计，如果按一年至少参与1次体育志愿活动为标准，仅英格兰地区就有约20.9%的人属于体育志愿者（艾俊，2005）。我国也应在《全民健身计划》的基础上，积极制定《社区体育志愿者发展计划》《社区体育志愿服务计划》等发展规划，从宏观层面激活"村改居"社区公共体育服务治理志愿机制。

第三，公益社会体育指导员"是中国特色的全民健身志愿者，也是开展全民健身志愿服务活动的主力军"（国家体育总局 等，2018），同样也是"村改居"社区公共体育服务治理志愿机制能够有效激活的依托基础。然而，目前政府体育部门组织的公益社会体育指导员志愿服务尚没有与《志愿服务条例》所言的志愿服务很好地对接起来（于善旭，2018）。对此，政府体育部门要积极与中央文明办、民政部门等进行协商，将公益社会体育指导员纳入我国志愿服务体系中来，并基于《志愿者服务条例》总体原则和要求对《社会体育指导员管理办法》做相应的修订，同时引导中国社会体育指导员协会加强与中国志愿服务联合会的沟通与合作。

第四，我国已经基本形成了由中央文明委、民政部以及国家体育总局等部门进行多口管理的全民健身志愿服务组织体系。然而，多口管理也容易导致部门主义的倾向，即各部门往往基于自身利益在部门体系内自上而下地进行垂直型、闭环式管理，而对于全民健身志愿服务管理中需要多部门进行合作的领域则容易出现相互扯皮、"打太极"的"懒政"心态。公益社会体育指导员不能明确地纳入志愿者队伍，全民健身志愿服务也不能明确地纳入由民政部主管的全国志愿服务信息系统以及受中央文明委指导的中国志愿服务联合会的主要志愿服务领域，便是全民健身志愿服务多口管理组织体系协调度不高，甚至形成掣肘的现实写照。事实上，从一些广泛开展体育志愿服务的发达国家经验来看，它们大都设置了一个枢纽型机构来统筹协调全国志愿服务的发展。比如，美国政府设立了自由服务军团，英国政府设立了志愿服务部，西班牙政府则由其内阁统筹劳动、卫生以及体育等部门联合志愿服务工作。针对我国全民健身志愿服务多口管理容易导致部门间协调度不高、推诿扯皮的现实问题，要积极建立全民健身志愿服务的协调机制。对此，有两条可以尝试的路径：第一条路径是由国家体育总局牵头，联合中央文明委、民政部以及共青团中央等部门，建立国家层面的全民健身志愿服务协调机制，然后再依次在省、地市以及区县进行纵向布局。第二条路径是基于国务院成立的全民健身工作部际联席会议制度，将全民健身志愿服务的协调工作纳入部际联席会议制度的议题中来。相比较而言，第一条路径更具有针对性，协调效率可能更高；但其实施难度较大，毕竟涉及从中央到地方一系列组织与机制的建设，而且与全民健身工作部际联席会议制度也存在重复之嫌。第二条路径可能相对地缺乏针对性，但其更具有可实施性；因为全民健身工作领导协调机制目前已普遍建立。所以，从现实操作层面上看，将全民健身志愿服务的协调工作纳入全民健身工作部际联席会议制度的议题更为可行。

第五，由于我国尚未建立完善的社会体育指导员分类机制，在对社会体育指导员的考核上多是根据其指导时间与次数进行，缺乏对其服务质量、类别的科学划分，较大程度上弱化了社会体育指导员参与"村改居"社区公共体育服务治理的积极性。而反观日本，其在社会体育指导员队伍建设上，除注重分级外，还将社会体育指导员进一步划分为社区体育指导员、竞技体育指导员、商业体育指导员、体育活动计划指导员、少年体育指导员和休闲体育指导员等类别（李加奎，2010）。德国也将社会体育指导员划分为体育指导员（普通性的）、特定项目指导员、青少年指导员、体育经营指导者等类别（戴俭慧 等，2003）。而且，这两个国家针对不同类别的社会体育指导员也设置了相应的考核与升级要求。我国也应在完善社会体育指导员分级机制的基础上，进一步推进社会体育指导员分类机制的建立，这不仅有助于提升社会体育指导员的服务积极性，也可以提升其服务的精准性。

第六，由于"村改居"社区经常参与体育活动组织或体育健身指导的居民志愿者很多达不到社会体育指导员的基本标准，"名分上的不足"也一定程度上影响其参与公共体育服务治理的积极性。对此，可以适当降低标准，设立社会体育指导员的一个初级称号；但要加强培训，逐步使这些居民志愿者获得社会体育指导的认证资格（马德浩，2020）。还应通过财政转移支付、专项经费建设以及对口帮扶等形式，加大对中部和西部"村改居"社区公益社会体育指导员和普通志愿者队伍建设的扶持力度，以优化全民健身志愿服务人才队伍组成的区域结构。此外，可以借鉴陕西省西安市 N 社区实行志愿者奖励制度，定期评选"最美志愿者"，并在社区宣传栏上对志愿者活动以及"最美志愿者"进行宣传的做法，加强对志愿服务的激励与宣传，进而使志愿机制在"村改居"社区公共体育服务治理中发挥更大的作用。

第五章 研究结论、不足之处及展望

第一节 研究结论

"村改居"社区是在我国城乡二元结构以及户籍制度没有发生根本性变化的大背景下,由政府主导的城镇化路径所产生的特殊社区类型,具有浓郁的本土化色彩。对"村改居"社区公共体育服务治理模式进行系统性研究,不仅可以为"村改居"社区的公共体育服务治理提供理论指导,还可以"一叶知秋"地透过公共体育服务治理为"村改居"社区的整体治理提供理论参考。此外,从实践意义上讲,加强"村改居"社区公共体育服务治理,可以从提升"村改居"社区居民身体健康水平、文化适应能力以及社区归属感三个层面,助推其顺利地完成从农民向市民的转换,这对于"以人为本"的新型城镇化建设以及"健康中国"战略的推进落实具有重要的现实意义。

一、问卷调查的发现

本研究问卷调查发现,"村改居"社区居民的身体健康状况不容乐观,需要给予关注与干预。居民能够普遍意识到参加体育锻炼对身体健康的促进作用,而且普遍认同参加体育锻炼是融入城镇文化的一种体现,但其体育参与目的更强调实用性,比较重视体育参与的强身健体价值。"村改居"社区居民经常参加体育锻炼的人数百分比位于全国城镇居民与农民的该比例之间。

问卷调查结果显示:

(1)在"村改居"社区居民中,男性居民参加体育锻炼的人数百分比高于女性居民;

（2）不同年龄段居民参加体育锻炼的人数百分比整体呈现出"倒U"形的趋势；

（3）非农业户籍居民参加体育锻炼的人数百分比高于农业户籍居民；

（4）家庭人数为"3～4人"的居民参加体育锻炼的人数百分比最高，其他依次为家庭人数为"5人及以上""2人""1人及以下"的居民；

（5）已婚居民参加体育锻炼的人数百分比最高，其他依次为未婚、丧偶、离婚居民；

（6）居民参加体育锻炼的人数百分比呈现出伴随受教育程度、收入、阶层位次提高而增加的趋势；

（7）居民在体育参与的场地选择上，大部分集中在免费的公共体育场地，选择花钱去健身会所进行体育锻炼的人数百分比很低；

（8）居民在体育参与形式的选择上，大多以个人锻炼或与家人、朋友、同事一起锻炼为主，参加社区、单位、体育社团组织的体育活动的人数百分比较低；

（9）居民在经常参与的运动项目选择上，大部分集中在健身走、跑步、广场舞等所需运动场地规格要求不高、运动技术门槛相对较低的运动项目类型上。

问卷调查还发现：

（1）"村改居"社区居民接受健身指导的人数百分比低于全国城乡居民的平均水平，而且在健身指导上也以朋友或同事相互指导为主，接受社会体育指导员指导的人数百分比很低；

（2）"村改居"社区居民与全国城乡居民的体育消费倾向基本相同，大部分集中在购买运动服装、运动器材等实物型体育消费上，体育服务消费的占比相对较低；

（3）在制约"村改居"社区居民体育参与的因素中，排在选择率前五位的依次为没时间、没兴趣、怕受伤、缺乏场地设施、惰性；

（4）"村改居"社区居民对公共体育服务给予积极性评价的人数百分比为54.3%，整体的满意度一般，具体到四个相关指标上，居民给予积极性评价比例最高的是全民健身政策与知识宣传，其他依次为体育场地设施、体育健身类社团发展以及体育健身类活动开展；

（5）在"村改居"社区居民对公共体育服务的需求上，排在选择率前五位的依次为"组织开展更丰富多元的体育活动""优化治安、交通、绿化环境""增建与改善体育场地设施""加强全民健身政策与知识宣传""培育发展更多的体育社团组织"。

二、实地调研与访谈的发现

"村改居"社区公共体育服务的现行治理理念及其存在的主要问题，一方面是在公共体育服务价值定位上呈现出单一化的倾向；另一方面是在公共体育服务治理取向上呈现出以物为本的特征。

"村改居"社区公共体育服务的现行治理主体及其存在的主要问题包括：

（1）社区党组织在职能定位上存在着重经济发展、轻公共服务建设的职能定位偏差，难以在公共体育服务治理中发挥应有的作用；

（2）居委会已嬗变为承接街道办事处相关指标与任务的主体，行政化色彩浓厚，弱化了其公共体育服务的治理效能；

（3）服务站存在与上级政府部门和居委会权责边界尚未厘清的问题，处于"人少事多"的运行状态，限制了其在公共体育服务治理中的作用发挥；

（4）公益性服务机构受资源投入有限、自主权较弱等因素影响，所提供的公共体育服务质量不甚理想；

（5）体育社会组织整体上处于"数量少、活力弱"的现状，承接政府购买公共体育服务的能力普通较低；原村集体经济组织改制与转型并不彻底，整体的营收状况一般，使得其投入公共体育服务上的资金十分有限；

（6）物业公司存在营收状况不理想、专业化水平不足等问题，在公共体育服务治理中的作用发挥相对有限；

（7）业主委员会角色处于边缘化地位，难以对物业公司进行监督，也难以代表业主真正参与到公共体育服务治理的决策中。

"村改居"社区公共体育服务的现行治理结构及其存在的主要问题包括：

（1）在横向层面上表现为政府在公共体育服务治理中处于主导地位而其他相关主体处于被同构或被边缘化状态的单中心结构；

（2）在纵向层面上表现为政府相关职能部门（即"条条"）自上而下通过项目制对公共体育服务供给进行整体控制的垂直型结构；

(3) 在横向与纵向两个层面上受"条条"间割裂式运行以及"条块"间相互牵制的影响而表现为公共体育服务治理的碎片化结构。

"村改居"社区公共体育服务的现行治理机制及其存在的主要问题包括：

(1) 项目制机制带有运动式治理的特点，缺乏稳定性与可持续性，难以形成有效的公共体育服务治理制度嵌入；

(2) 网格化机制尚不完善，相对地压缩了社区"两委"对公共体育服务进行自治的空间，可能会对公共体育服务多元主体共治格局的构建形成掣肘；

(3) 法治机制受公民体育权利尚未得到更高"位阶"法律明确以及体育法律法规约束性与操作性不强等因素影响，在公共体育服务治理中处于"嵌入不能"的状态；

(4) 非正式制度机制受原村乡贤或长老权威被削弱、大部分村规民约被废止以及民俗体育活动传承出现断裂等因素影响，尚未在公共体育服务治理中得到有效利用；

(5) 志愿机制受社会体育指导员人均数量少、居民志愿者难以被纳入社会体育指导员队伍以及激励措施不健全等因素影响，尚未在公共体育服务治理中得到充分激活。

三、优化公共体育服务治理模式的对策

优化"村改居"社区公共体育服务治理理念的对策包括：一方面是重视公共体育服务多元价值的宣传，引导社区"两委"积极参与公共体育服务治理；另一方面是调整基层政府对社区公共体育服务治理成效的评价导向，推进公共体育服务治理取向由以物为本向以人为本转变。

优化"村改居"社区公共体育服务治理主体的对策包括：

(1) 明确社区党组织在公共体育服务治理中的领导核心地位，完善其与群团组织、体育社会组织的关系，发挥其对公共体育服务治理进行"元治理"的作用；

(2) 引入社区工作清单制度，将公共体育服务治理纳入居委会工作绩效考核指标，提升其公共体育服务治理效能；

(3) 理顺居委会与服务站的关系，健全对服务站的评估与奖惩机制，强化

其公共体育服务资源整合能力；

（4）加大公益性服务机构建设力度，赋予其更多自主权，提升其公共体育服务供给的专业性与多样性；

（5）研究制定体育社会组织直接依法登记注册的实施方案，通过公益创投以及能人、资本等方式助力体育社会组织发展壮大，提升其承接政府购买公共体育服务的能力；

（6）完善原村集体经济组织的治理结构以及股权流转机制，引导其发展有特色的体育产业，鼓励其介入公共体育服务治理；

（7）适当放松对社区物业服务费的价格限制，提高物业公司专业化水平，通过财政补贴以及税收减免等方式吸引其承接政府购买公共体育服务；

（8）健全业主委员会组织结构，规范其选举、决策与资金使用程序，使其成为公共体育服务居民自治的重要主体。

优化"村改居"社区公共体育服务治理结构的对策包括：一方面是合理界定政府公共体育服务供给的范围，适当放宽对体育社会组织、市场组织承接政府购买公共体育服务的准入限制，推进公共体育服务治理结构由单中心向多中心转变；另一方面是健全体育管理体制，理顺区（县）、街道办事处与社区在公共体育服务治理中的权责，推进公共体育服务治理结构由垂直型向扁平化转变。此外，还应健全从中央到地方的公共体育服务多部门协同治理机制，推广"街乡吹哨、部门报到"模式，推进公共体育服务治理结构由碎片化向整体性转变。

优化"村改居"社区公共体育服务治理机制的对策包括：

（1）健全公共体育服务治理项目制机制的调研、论证、听证、追踪、反馈等程序，重视制度嵌入，促进项目制机制与居民自治的互动；

（2）建立社区网格事务准入制度，推动社区网格下沉，提升公共体育服务治理网格化机制的效能；完善体育法律法规体系，提升其可操作性，理顺社区各主体间的法治关系，使法治机制切实嵌入公共体育服务治理中；

（3）推广建立百姓议事会、乡贤理事会等自治组织，引导社区重视民俗体育活动开展与民俗体育社团培育，使非正式制度机制深度融入公共体育服务治理中；

（4）制定《社区体育志愿者发展计划》《社区体育志愿服务计划》等发展规划，将公益社会体育指导员纳入志愿服务体系中来，充分激活公共体育服务治理志愿机制。

第二节　研究不足之处及展望

一、研究不足之处

第一，访谈对象面较狭窄。由于"村改居"社区属于过渡性社区，对于该类型社区实地调研点的选择，需要结合当地政府部门的城镇规划以及本研究对"村改居"社区的概念界定；同时还需考虑到进入该类型社区进行调研与访谈的便利性、真实性与可操作性。基于以上考虑，结合我国东部、中部与西部的区域地理划分，本研究主要通过专家引荐、熟人介绍等形式选择了7个"村改居"社区进行实地调研与访谈，在实地调研点的数量上存在一定的不足。此外，在访谈对象的选择上主要面向社区负责人进行访谈，未对区（县）政府以及街道办事处负责人进行访谈，这也是本研究的一个不足。

第二，低龄数据尚缺。本研究在问卷调查的年龄人群选择上，考虑到19岁及以下人群大部分为在校学生，他们的体育参与情况受学校体育的影响较大，且他们对"村改居"社区情况的了解相对有限。所以，本研究在问卷调查上以20岁及以上人群为对象。对于19岁及以下人群体育参与情况的调查，有待再进一步的研究中加以补充。

二、研究展望

其一，不同群体间关系有待深入研究。"村改居"社区居民既包括户籍转换的原村民，也包括在"村改居"社区购房居住的普通城镇居民。此外，还包括在"村改居"社区租房居住的流动人口。这三大人群各自的体育参与影响因素有何差异？三大人群在体育参与中是否存在隔阂与冲突？如何更好地通过体育参与的路径促进三大人群的相互认同与融合，有待今后进一步研究。

其二，未来动态长期性研究。在未来30多年的时间里，我国城镇化率仍将保持增长态势，与此相伴随的"村改居"社区数量也会不断增多。由于"村改居"社区是政府主导下的城镇化产物,其整体的公共体育服务治理模式势必会受到国家宏观层面政策以及体制机制改革的影响。所以,对于"村改居"社区公共体育服务治理模式,也应进一步紧跟国家宏观层面的政策变化以及体制机制改革动向,进行长期的跟踪性、动态性研究。

参考文献

一、中文文献

艾俊，2005. 西方国家培养体育志愿者的概况及启示 [J]. 体育学刊，2：130-133.

班涛，2017. 名实分离与融合：业委会参与社区治理的制度与实践分析 [J]. 中南大学学报（社会科学版），23（6）：138-144.

本书编写组，2017. 中国共产党章程 [M]. 北京：人民出版社.

博兰尼，2002. 自由的逻辑 [M]. 冯银江，李雪茹，译. 长春：吉林人民出版社.

部义峰，周武，赵刚，等. 2015. 社会分层视域下中国居民体育参与、偏好与层化研究 [J]. 中国体育科技，51（5）：78-93.

财政部，民政部，2014. 关于支持和规范社会组织承接政府购买服务的通知 [Z/OL].（2014-12-18）[2020-02-22]. http://www.gov.cn/xinwen/2014-12/18/content_2793736.htm.

财政部，民政部，2017. 关于通过政府购买服务支持社会组织培育发展的指导意见 [Z/OL].（2017-10-09）[2020-04-12]. http://www.ccgp.gov.cn/specialtopic/2018yd/gmfw/201712/t20171222_9380275.htm.

曹姮钥，康之国，2005. 后"村改居"时期的社区组织治理能力研究 [J]. 天津行政学院学报，17（2）：85-89.

陈成文，黄开腾，2018. 制度环境与社会组织发展：国外经验及其政策借鉴意义 [J]. 探索，1：144-152.

陈世香，王余生，2017. 基层治理现代化：社区公共文化服务的社会化研究 [J]. 辽宁大学学报（哲学社会科学版），45（4）：11-17.

陈思远，2019. 婚姻能否促进健康：基于2013和2015年中国社会综合调查的实证分析［D］.上海：华东师范大学.

陈伟东,熊茜,2019.论城市社区微治理运作的内生机理及价值［J］.吉首大学学报（社会科学版）,40（1）:57-64.

陈晓军,李文君,2016."村改居"背景下集体经济组织发展与改革研究［J］.中国农村研究,2:121-134.

陈晓莉,2014.村改居社区及其问题：对城中村城市化进程的反思与改革：基于广东和山东两省的实地调研［J］.兰州学刊,3:126-132.

楚明锟,杨璐璐,2010.论新公共服务与新公共管理的同异性［J］.中州学刊,4:1-6.

戴俭慧,刘小平,罗时铭,等.2003.英、美、德三国体育指导员制度及启示［J］.上海体育学院学报,4:26-31.

党秀云,2019.论志愿服务可持续发展的价值与基础［J］.中国行政管理,11:118-123.

登哈特J,登哈特R,2004.新公共服务：服务,而不是掌舵［M］.丁煌,译.北京：中国人民大学出版社.

第十三届全国人民代表大会常务委员会,2019.中华人民共和国城市居民委员会组织法［Z/OL］.(2019-01-07)［2020-02-27］.http：//www.mca.gov.cn/article/gk/fg/jczqhsqjs/201911/20191100021349.shtml.

丁巍,2017.陕西省城镇社区专职工作人员流失问题研究［D］.西安：西北大学.

丁宇,2011.走向善治的中国政府管理创新研究［D］.武汉：武汉大学.

丁元竹,2012.为什么志愿机制是可能的［J］.学术研究,10:56-60.

杜国明,2011."村改居"后农村集体经济组织面临的新问题探讨：基于广东省的调研分析［J］.农村经济,8:10-13.

斐迪南·滕尼斯,1999.共同体与社会：纯粹社会学的基本概念［M］.林荣远,译.武汉：武汉大学出版社.

费孝通,2012.乡土中国［M］.北京：北京大学出版社.

费孝通,1998.乡土中国、生育制度［M］.北京：北京大学出版社.

冯娇娇,2019.老年大学师资队伍现状、问题及对策研究：以重庆市为例［D］.重庆：重庆师范大学.

高鉴国,2017.中国社区文化中心建设的政策内涵与发展特点：政策过程视角

[J].社会科学,6:81-89.

高庆琦,2013."村改居"社区体育发展研究:以厦门集美区杏林街道社区为例[D].福州:福建师范大学.

顾永红,向德平,胡振光,2014."村改居"社区:治理困境、目标取向与对策[J].社会主义研究,3:107-112.

官玉苗,2014.城市化进程中山东省部分村镇"村改居"社区体育研究[D].曲阜:曲阜师范大学.

郭琼珠,2009.非正式制度与乡村传统体育的发展:乡土社会的视角[J].体育与科学,30(3):12-15.

郭晓旭,2013.太原市"城中村"居民体育锻炼行为现状调查分析[D].太原:山西大学.

国家发改委,2016.城乡社区服务体系建设规划(2016—2020年)[Z/OL].(2016-10-28)[2020-03-28].https://www.ndrc.gov.cn/fggz/fzzlgh/gjjzxgh/201707/t20170707_1196830.html.

国家发展改革委,民政部,中央组织部,等,2019.关于全面推开行业协会商会与行政机关脱钩改革的实施意见[Z/OL].(2019-06-17)[2020-03-02].http://www.gov.cn/xinwen/2019-06/17/content_5400947.htm.

国家体育总局,2005.关于进一步加强社会体育指导员工作的意见[Z/OL].(2005-07-11)[2020-03-09].http://www.sport.gov.cn/n315/n331/n403/n1955/c573929/content.html.

国家体育总局,2011.社会体育指导员管理办法[Z/OL].(2011-10-09)[2020-03-11].http://www.sport.org.cn/search/system/bmgz/2018/1113/193326.html.

国家体育总局,2015.2014年全民健身活动状况调查公报[Z/OL].(2015-11-16)[2020-03-09].http://www.sport.gov.cn/n316/n340/c212777/content.html.

国家体育总局,2016.体育发展"十三五"规划[Z/OL].(2016-05-05)[2020-03-12].http://www.gov.cn/xinwen/2016-05/05/content_5070514.htm.

国家体育总局,2019.新中国体育70年:综合卷[M].北京:人民出版社.

国家体育总局体育经济司,2018.体育事业统计年鉴:2017年度数据[M].内部材料.

国家体育总局,民政部,文化部,等,2017.关于加快推进全民健身进家庭的指导意见[Z/OL].(2017-12-06)[2020-03-05].http://www.sport.gov.cn/qts/n4986/c841729/content.html

国家体育总局,中央文明办,民政部,等,2018.关于广泛开展全民健身志愿服务活动的通知[Z/OL].(2018-12-06)[2020-03-07].http://www.sport.org.cn/search/system/gfxwj/qzty/2018/1206/195000.html.

国家统计局,2019.中国统计年鉴(2019)[EB/OL].(2019-05-15)[2020-03-17].http://www.stats.gov.cn/tjsj/ndsj/2019/indexch.htm.

国家统计局,2020.中华人民共和国2019年国民经济和社会发展统计公报[Z/OL].(2020-02-28)[2020-03-15].http://www.stats.gov.cn/tjsj/zxfb/202002/t20200228_1728913.html.

国家统计局,国家体育总局,2019.2017年全国体育产业总规模与增加值数据公告[Z/OL].(2019-01-08)[2020-03-14].http://www.stats.gov.cn/tjsj/zxfb/201901/t20190108_1643790.html.

国家统计局综合司,2001.中华人民共和国国家统计局关于1992年国民经济和社会发展的统计公报[BD/OL].(2001-11-15)[2021-10-29].http://www.stats.gov.cn/tjsj/tjgb/ndtjgb/qgndtjgb/200203/t20020331_30006.html.

国务院,1989.社会团体登记管理条例[Z/OL].(1989-10-25)[2020-06-13].http://www.law-lib.com/law_view.asp?id=301702

国务院,1998.社会团体登记管理条例[Z/OL].(1998-10-25)[2020-06-13].http://www.people.com.cn/zgrdxw/faguiku/mzhshw/K1040.html.

国务院,2004.关于深化改革严格土地管理的决定[Z/OL].(2004-10-21)[2020-06-07].http://www.gov.cn/zhengce/content/2008-03/28/content_2457.htm.

国务院,2014.关于加快发展体育产业 促进体育消费的若干意见[Z/OL].(2014-10-02)[2020-06-05].http://www.gov.cn/gongbao/content/2014/content_2771071.htm.

国务院,2016a.全民健身计划(2016—2020年)[Z/OL].(2016-06-15)[2020-06-09].http://www.gov.cn/zhengce/content/2016-06/23/

content_5084564.htm.

国务院,2016b. 社会团体登记管理条例 [Z/OL]. (2016 - 02 - 06) [2020 - 06 - 15]. http://www.gov.cn/gonbao/content - 5139379.htm.

国务院,2017. "十三五"国家老龄事业发展和养老体系建设规划 [Z/OL]. (2017 - 02 - 28) [2020 - 06 - 02]. http://www.moe.gov.cn/jyb_xxgk/moe_1777/moe_1778/201703/t20170308_298669.html.

国务院,2018. 物业管理条例 [Z/OL]. (2018 - 03 - 19) [2020 - 06 - 18]. http://www.gov.cn/zhengce/2020 - 12/26/content_5574569.htm.

国务院办公厅,1998. 关于国务院机构改革方案的说明(1998年)[Z/OL] // 中华人民共和国国务院公报,1998 (9): 408 (2011 - 11 - 09) [2021 - 12 - 01]. http://www.gov.cn/zhengce/2011 - 11/09/content_2619450.htm.

国务院办公厅,2009. 全民健身条例 [Z/OL]. (2009 - 08 - 30) [2020 - 06 - 11]. http://www.gov.cn/flfg/2009 - 09/06/content_1410716.htm.

国务院办公厅,2011. 社区服务体系建设规划(2011—2015年)[Z/OL]. (2011 - 12 - 20) [2020 - 06 - 30]. http://www.gov.cn/zwgk/2011 - 12/29/content_2032915.htm.

国务院办公厅,2013. 关于政府向社会力量购买服务的指导意见 [Z/OL]. (2013 - 09 - 26) [2020 - 06 - 25]. http://www.gov.cn/zhengce/content/2013 - 09/30/content_4032.htm.

国务院办公厅,2015. 关于推进基层综合性文化服务中心建设的指导意见 [Z/OL]. (2015 - 10 - 20) [2020 - 06 - 22]. http://www.gov.cn/zhengce/content/2015 - 10/20/content_10250.htm.

国务院办公厅,2016a. 关于强化学校体育促进学生身心健康全面发展的意见 [Z/OL]. (2016 - 04 - 21) [2020 - 06 - 20]. http://www.gov.cn/zhengce/content/2016 - 05/06/content_5070778.htm.

国务院办公厅,2016b. 老年教育发展规划(2016—2020年)[Z/OL]. (2016 - 10 - 05) [2020 - 06 - 28]. http://www.gov.cn/zhengce/content/2016 - 10/19/content_5121344.htm.

国务院办公厅,2019. 体育强国建设纲要 [Z/OL]. (2019 - 08 - 10) [2020 - 07 - 02]. http://www.gov.cn/zhengce/content/2019 - 09/02/content_5426485.htm.

韩丹,杨士宝,2009.论我国体育体制和体育理论的改革创新[J].体育与科学,30(3):1-7.

韩浩,方一庆,范琛,等,2011.多地"网格化"社区,掀社会管理新变革[N].南方周末,2011-08-28(5).

贺雪峰,2013.新乡土中国:修订版[M].北京:北京大学出版社.

侯利文,张宝锋,2014.网格化与居站分离:逻辑、困局与反思[J].学术论坛,37(12):102-108.

胡鞍钢,方旭东,2016.全民健身国家战略:内涵与发展思路[J].体育科学,36(3):3-9.

胡刚,2019.嬗变与转型:改革开放以来我国社会动员机制创新研究[M].北京:中国社会科学出版社.

胡锦涛,2012.坚定不移沿着中国特色社会主义道路前进,为全面建成小康社会而奋斗[Z/OL].(2012-11-09)[2020-03-20].http://www.npc.gov.cn/zgrdw/npc/zggcddsbcqgdbdh/2012-11/09/content_1742519.htm.

黄成亮,2019."村改居"社区治理的现实困境及其破解[J].中州学刊,2:80-85.

黄春蕾,2015.我国新型城镇化背景下"村改居"社区公共服务供给转型研究:基于济南市的调查[J].天津行政学院学报,17(4):11-19.

黄海平,2016.城镇化道路上的夹层:城乡接合部"村改居"社区考察[J].华南农业大学学报(社会科学版),15(6):114-124.

黄娟,2010.保守抑或激进?从居委会与业委会的关系看居委会的未来变革[J].河北法学,28(2):157-159.

黄立丰,2017.断裂、延续与重构:"村改居"后新型农村社区党建模式的适应性转变:一个"双轨制"的分析框架[J].社会主义研究,2:132.

黄立敏,2014.社会资本视域下的"村改居"社区治理研究:以深圳市宝安区为例[M].武汉:武汉大学出版社.

黄谦,张晓丽,2018.社会资本理论在我国体育研究中的现状、特点与展望[J].上海体育学院学报,42(3):17-22.

黄晓勇,蔡礼强,徐彤武,等,2017.中国社会组织报告(2016~2017)[M].北京:社会科学文献出版社.

黄亚玲,2003.论中国体育社团:国家与社会关系转换下的体育社团改革

[D]. 北京：北京体育大学.

黄亚玲，郭静，2014. 基层体育社会组织：自发性健身活动站点的发展［J］. 北京体育大学学报，37（9）：10–16.

霍建国，2019. 现代国家治理中的管理主义反思［J］. 领导科学，24：12–15.

基恩，1999. 公共生活与晚期资本主义［M］. 马音，等，译. 北京：社会科学文献出版社.

贾文伟，刘维学，2014. 休闲体育资源与人均可支配收入关联分析［J］. 统计与决策，9：114–117.

建设部，财政部，2007. 住宅专项维修资金管理办法［Z/OL］.（2007–12–04）［2020–03–22］. http://www.gov.cn/flfg/2007–12/29/content_846963.htm.

健康中国行动推进委员会，2019. 健康中国行动（2019—2030年）［Z/OL］.（2019–07–09）［2020–03–25］. http://www.gov.cn/xinwen/2019–07/15/content_5409694.htm.

姜爱华，马静，2012. 城乡结合部公共服务供给的财政政策研究［M］. 北京：经济科学出版社.

姜熙，2015. 依法治国背景下的中国体育法治：基于十八届四中全会《决定》的法学思考［J］. 体育学刊，22（4）：1–7.

姜晓萍，焦艳，2015. 从"网格化管理"到"网格化治理"的内涵式提升［J］. 理论探讨，6：139–143.

蒋福明，2013. "村改居"社区文化及其困境探讨［J］. 北京行政学院学报，3：87–90.

杰索普，2014. 治理与元治理：必要的反思性、必要的多样性和必要的反讽性［J］. 程浩，译. 国外理论动态，5：14–22.

焦长权，2019. 从分税制到项目制：制度演进和组织机制［J］. 社会，39（6）：121–148.

金太军，张振波，2016. 乡村社区治理路径研究：基于苏南、苏中、苏北的比较分析［M］. 北京：北京大学出版社.

金文龙，2016. 土地产权观念与集体资产股份合作制改革：对"村改居"过程中集体资产处置办法的考察［J］. 华中科技大学学报（社会科学版），30

(6): 104-111.

金月华, 2016. 中国特色新型城镇化道路研究 [D]. 长春: 吉林大学.

孔娜娜, 2014. 社区公共服务碎片化的整体性治理 [J] 华中师范大学学报(人文社会科学版), 53 (5): 29-35.

雷洋, 2017. 治理视阈下当代中国地方政府间合作研究 [D]. 北京: 中共中央党校.

李国平, 2016. "健康中国"需要一张运动处方 [N]. 中国青年报, 2016-03-14 (8).

李加奎, 2010. 日本社区体育分析 [J]. 体育文化导刊, 2: 149-151.

李克强, 2014. 2014年政府工作报告 [R/OL]. (2014-03-05) [2021-10-29]. http://lianghui.people.com.cn/2014npc/n/2014/0305/c376646-24535026-6.html.

李泉, 2012. 治理理论的谱系与转型中国 [J]. 复旦学报 (社会科学版), 6: 130-137.

李杉, 2014. 四川城乡接合部农业人口体育锻炼现状分析及对策 [J]. 成都体育学院学报, 40 (10): 52-54.

李万钧, 2018. 从社区减负增效到基层治理创新 [J]. 前线, 7: 71.

李祥, 孙淑秋, 2018. 从碎片化到整体性: 我国特大城市社会治理现代化之路 [J]. 湖北社会科学, 1: 59-66.

李玉周, 王婧怡, 江崇民, 2019. 健康中国视域下全民健身促进全民健康的多元价值研究 [J]. 西安体育学院学报, 36 (2): 151-155.

李祖佩, 2016. 分利秩序: 鸽镇的项目运作与乡村治理 [M]. 北京: 社会科学文献出版社.

梁慧, 王琳, 2008. "村改居"社区居委会管理中的问题及对策分析 [J]. 理论月刊, 11: 171-173.

梁绮惠, 2013. 社区治理视角下村改基本公共服务的现状及影响: 基于珠三角的调研 [J]. 云南行政学院学报, 15 (3): 115-117.

刘东锋, 2016. 发达国家大众体育参与现状与测量研究: 兼与上海比较 [J]. 上海体育学院学报, 40 (4): 27-31.

刘国永, 裴立新, 2016. 中国体育社会组织发展报告 (2016) [M]. 北京: 社会科学文献出版社.

刘国永，杨桦，任海，2014. 中国群众体育发展报告（2014）[M]. 北京：社会科学文献出版社.

刘鑫，王玮，2019. 元治理视域下的"村改居"社区治理[J]. 学术交流，5：131-139.

龙佳怀，刘玉，2017. 健康中国建设背景下全民科学健身的实然与应然[J]. 体育科学，37（6）：91-97.

陆军，杨浩天，2019. 城市基层治理中的街道改革模式：基于北京、成都、南京的比较[J]. 治理研究，35（4）：20-29.

陆士桢，李泽轩，2019. 论新时代中国特色志愿服务的新格局[J]. 中国青年社会科学，38（5）：1-8.

陆学艺，2002. 当代中国社会阶层研究报告[M]. 北京：社会科学文献出版社.

陆学艺，2010. 当代中国社会结构[M]. 北京：社会科学文献出版社.

陆益龙，2008. 转型社会研究中的定性与定量方法[J]. 教学与研究，6：27-29.

陆玉林，叶瑛，张国猛，2013. 江苏省全民健身基层站点现状调查研究[J]. 体育文化导刊，10：23-26.

吕青，2015. "村改居"社区秩序：断裂、失序与重建[J]. 甘肃社会科学，3：135-138.

骆玲，2005. 西方社会学研究方法论的评价及应用[J]. 社会科学研究，3：125-129.

马德浩，2016a. 我国空巢老人体育研究[J]. 体育文化导刊，1：28-31.

马德浩，2016b. 我国农民工的体育参与现状及其制约因素分析：以上海市为例[J]. 体育科研，37（2）：43-52.

马德浩，2018a. 从管理到治理：新时代体育治理体系与治理能力现代化建设的四个主要转变[J]. 武汉体育学院学报，52（7）：5-11.

马德浩，2018b. 人才强国建设视域下促进知识分子体育参与的意义与对策[J]. 南京体育学院学报，2：1-7.

马德浩，2019a. 改革开放40年我国体育人口研究综述与展望[J]. 山东体育学院学报，35（4）：13-18.

马德浩，2019b. 跨域治理：我国区域公共体育服务协调发展的新路径[J]. 体育学刊，26（6）：63-68.

马德浩,2019c.人口结构转变视域下的上海体育发展战略研究[J].体育科学,39(4):51-62.

马德浩,2019d.新发展理念视域下的中国体育发展方式转变[J].上海体育学院学报,43(6):6-15.

马德浩,2019e.新时代我国农村公共体育服务的治理困境及其应对策略[J].体育与科学,41(1):104-111.

马德浩,2020.新时代我国农村公共体育服务的治理困境及其应对策略[J].体育与科学,41(1):104-111.

马德浩,季浏,2013.从单一走向多元:重新定位体育在国家发展中的作用[J].武汉体育学院学报,47(12):5-11.

马德浩,季浏,2014a.城镇化进程加速背景下提升我国城镇公共体育服务供给能力的策略[J].武汉体育学院学报,48(12):11-16.

马德浩,季浏,2014b.人口老龄化加速背景下提升我国国民体育健身投资的意义与策略研究[J].体育科学,34(10):3-14.

马德浩,季浏,2015a.阶层构成多元化背景下促进中国不同阶层体育消费市场开发的策略[J].成都体育学院学报,41(5):60-65.

马德浩,季浏,2015b.我国人口结构转变与体育发展关系研究述评[J].首都体育学院学报,27(5):463-468.

马德浩,季浏,2016.英国、美国、俄罗斯公共体育服务的发展方式[J].体育学刊,23(3):66-72.

民政部,2013.2012年社会服务发展统计公报[R/OL](2013-06-19)[2021-10-31].http://www.mca.gov.cn/article/sj/tjgb/201306/201306154747469.shtml.

民政部,2017.2016年社会服务发展统计公报[R/OL].(2017-08-03)[2020-04-08].http://www.gov.cn/xinwen/2017-08/03/content_5215805.htm.

民政部,2019.2018年民政事业发展统计公报[Z/OL].(2019-08-15)[2020-04-10].http://images3.mca.gov.cn/www2017/file/201908/1565920301578.pdf.

民政部,国家发展改革委员会,2016.关于印发《民政事业发展第十三个五年规划》的通知[Z/OL].(2016-06-24)[2020-04-02].http://

www.gov.cn/xinwen/2016-07/06/content_5088745.htm.

民政部,中央组织部,中央综治办,等,2016. 城乡社区服务体系建设规划(2016—2020年)[Z/OL].(2016-10-28)[2020-03-28]. https://www.mca.gov.cn/article/gk/ghjh/201709/t20170915006082.shtml.

民政部,中组部,2015. 关于进一步开展社区减负工作的通知[Z/OL].(2015-07-24)[2020-04-05]. http://www.gov.cn/xinwen/2015-07/24/content_2902338.htm.

闵学勤,2019. 嵌入式治理:物业融入社区社会的可能及路径——以中国十城市调研为例[J]. 江苏行政学院学报,6:58-65.

秦尉富,李志清,林国徽,等,2017."村改居"社区转型发展中体育困境的致因与消解[J]. 四川体育科学,36(6):94-96.

邱忠霞,胡伟,2016. 公共治理何以失灵?:基于结构-功能的逻辑分析[J]. 学习与实践,10:50-59.

屈群苹,2018."村改居"社区转型及其治理研究:基于宋村的调查[M]. 北京:中国社会科学出版社.

渠敬东,2012. 项目制:一种新的国家治理体制[J]. 中国社会科学,5:113-130.

人民论坛,2014. 大国治理:国家治理体系和治理能力现代化[M]. 北京:中国经济出版社.

沈费伟,2018. 善治视域下合理性治理结构的演进与达成:一个新的解释框架[J]. 湖北行政学院学报,4:41-46.

盛智明,2017. 地方政府部门如何规避风险?以A市社区物业管理新政为例[J]. 社会学研究,32(5):166-191.

斯托克,1999. 作为理论的治理:五个论点[J]. 华夏风,编译. 国际社会科学杂志(中文版),1:19-30.

宋辉,2019. 新型城镇化推进中城市拆迁安置社区治理体系重构研究[J]. 中国软科学,1:62-71.

宋建,2019. 中等收入阶层与居民消费[M]. 上海:上海人民出版社.

宿玥,2020. 推进街道管理体制改革的五个着力点[J]. 人民论坛,3:80-81.

孙柏瑛,于扬铭,2015. 网格化管理模式再审视[J]. 南京社会科学,4:65-

71.

孙珠峰, 胡近, 2016. "元治理"理论研究: 内涵、工具与评价 [J]. 上海交通大学学报(哲学社会科学版), 24 (3): 45-50.

孙卓华, 2017. 公共服务创新: 志愿性服务的逻辑与实现 [J]. 理论视野, 6: 47-52.

覃静, 2019. 新时代社会组织参与社会治理的机遇与挑战 [J]. 社会福利(理论版), 10: 44-49.

谭小勇, 2014. 法治中国建设与我国体育创新发展 [J]. 体育科研, 35 (1): 2-9.

唐胜英, 赵全, 2016. 体育与"乡-城移民"的社会融入: 国外经验及启示 [J]. 体育与科学, 37 (3): 69-81.

唐兴盛, 2014. 政府"碎片化": 问题、根源与治理路径 [J] 北京行政学院学报, 5: 52-56.

陶振, 2015. 基层治理中的条块冲突及其优化路径 [J]. 理论月刊, 1: 100-106.

田虹, 杨洋, 刘英, 2014. 5 大社会阶层体育消费意愿和行为的比较研究 [J]. 北京体育大学学报, 37 (10): 51-55.

田鹏, 陈绍军, 2015. 论"村改居"后村委会的功能嬗变 [J]. 湖北社会科学, 7: 23-28.

田毅鹏, 2012. 城市社会管理网格化模式的定位及其未来 [J]. 学习与探索, 2: 28-32.

万厦, 海平, 2005. 加速城市化进程中"村改居"的理论与实践探讨 [J]. 社会科学研究, 3: 130-135.

汪伟全, 2012. 区域合作中地方利益冲突的治理模式: 比较与启示 [J]. 政治学研究, 2: 98-107.

汪习根, 何苗, 2015. 治理法治化的理论基础与模式构建 [J]. 中共中央党校学报, 19 (2): 36-41.

王春生, 2009. 珠江三角洲"村改居"进程中的公共产品供给体制透析 [J]. 云南行政学院学报, 11 (1): 123-126.

王崇喜, 袁凤生, 苏静, 等, 2004. 受教育程度与健身意识和行为关系的研究 [J]. 体育科学, 24 (8): 17-20.

王德福,2019.业主自治的困境及其超越[J].求索,3:88-96.

王富百慧,王梅,张彦峰,等,2016.中国家庭体育锻炼行为特点及代际互动关系研究[J].体育科学,36(11):31-38.

王凯,2019.新时代体育治理体系与治理能力现代化建设的政府责任:基于元治理理论和体育改革实践的分析[J].体育科学,39(1):12-19.

王丽娟,2011.跨文化适应研究现状综述[J].山东社会科学,4:44-49.

王瑞元,苏全生,2010.运动生理学[M].北京:人民体育出版社.

王晓芳,张瑞林,庞辉,2013.我国全民健身公共服务宣传机制分析[J].体育文化导刊,11:17-20.

王旭光,2008.我国体育社团的现状及发展对策研究[M].北京:北京体育大学出版社.

王学彬,郑家鲲,2019.新中国成立70周年我国群众体育发展:成就、经验、问题与展望[J].体育科学,39(9):31-40.

王岩芳,高晓春,2006.论体育权利的内涵及实现[J].武汉体育学院学报,40(4):9-12.

王义,2019.从整体性治理透视社区去"行政化"改革[J].行政管理改革,7:54-60.

王颖,2014.扁平化社会治理:社区自治组织与社会协同服务[J].河北学刊,34(5):100-105.

王优玲,2017.专家:我国城镇化发展迈入中后期转型提升阶段[EB/OL].(2017-11-18)[2020-2-15].http://www.xinhuanet.com/fortune/2017-11/18/c_1121976769.htm.

王占坤,2017.发达国家公共体育服务体系建设经验及对我国的启示[J].体育科学,37(5):32-47.

魏娜,刘子洋,2017.论志愿服务的本质[J].中国人民大学学报,31(6):79-88.

吴晓燕,关庆华,2015."村改居"社区治理中社会资本的流失与重构[J].求实,8:37-45.

吴晓燕,关庆华,2016.从管理到治理:基层社会网格化管理的挑战与变革[J].理论探讨,2:147-152.

吴莹,2017.空间变革下的治理策略:"村改居"社区基层治理转型研究[J].

社会学研究, 32 (6): 94-116.

吴莹, 2018. 上楼之后: 村改居社区的组织再造与秩序重建 [M]. 北京: 社会科学文献出版社.

伍庆, 2009. 消费社会与消费认同 [M]. 北京: 社会科学文献出版社.

习近平, 2017. 决胜全面建成小康社会夺取新时代中国特色社会主义伟大胜利 [Z/OL]. (2017-10-27) [2021-08-06]. http://cpc.people.com.cn/19th/n1/2017/1027/c414395-29613458.html

夏芸芸, 2018. 城市社区治理法治体系建构研究 [J]. 学习与实践, 12: 74-81.

夏柱智, 贺雪峰, 2017. 半工半耕与中国渐进城镇化模式 [J]. 中国社会科学, 12: 117-137.

辛静, 2008. 新公共服务理论评析: 兼论对中国服务型政府建设的启示 [D]. 长春: 吉林大学.

新玉言, 2015. 以人为本的城镇化问题分析:《国家新型城镇化规划 (2014—2020 年)》解读 [M]. 北京: 新华出版社.

徐刚, 卢艳红, 2017. 体制化"空转": 发展悖境中社区工作站运行的组织行为分析 [J]. 浙江大学学报 (人文社会科学版), 47 (2): 184-199.

薛玉佩, 2012. 美国体育志愿服务的激励机制及其启示 [J]. 体育文化导刊, 11: 16-19.

鄢光哲, 2011. 稳定婚姻增强人的休闲意愿 [N]. 中国青年报 2011-05-20 (11).

杨风华, 刘洁, 肖楠楠, 2014. 我国公共体育场馆政策法规演变研究: 基于有效供给理论视角 [J]. 成都体育学院学报, 40 (2): 37-42.

杨贵华, 2014a. 集体资产改制背景下"村改居"社区股份合作组织研究 [J]. 社会科学, 8: 59-66.

杨贵华, 2014b. 转型与创生:"村改居"社区组织建设 [M]. 北京: 社会科学文献出版社.

杨宏伟, 2013."村改居"社区多中心治理模式研究: 以 K 市 S 社区为例 [D]. 南京: 南京理工大学.

杨欢, 2017. 业主委员会: 角色定位与功能实现路径 [J]. 管理观察, 17: 88-91.

杨麒,2009.城市居民体育消费行为研究:基于北京地区的实证分析[J].消费经济,25(5):71-74.

杨越,2011."人口红利窗口期关闭阶段"的中国体育发展战略研究[J].体育科学,31(1):10-18.

叶继红,吴新星,2019.新时代基层社会网格化联动治理实践创新:对中国特色社会治理模式的探索[J].理论月刊,10:137-145.

叶继红,2011.农民集中居住、文化适应及其影响因素[J].社会科学,4:78-86.

叶托,2019.新中国成立70年来我国社会组织政策的范式变迁及其基本规律[J].北京行政学院学报,5:16-24.

尹浩,2019.碎片整合:社区整体性治理之道[M].北京:社会科学文献出版社.

于联志,2010.休闲体育对促进城市家庭和谐稳定的作用研究[J].成都体育学院学报,36(10):20-23.

于善旭,1998a.再论公民的体育权利[J].体育文史,1:31-33.

于善旭,1998b.论公民体育权利的时代内涵[J].北京体育大学学报,4:10-13.

于善旭,2018.中国社会体育指导员工作纳入志愿服务体系的探讨[J].体育学研究,1(3):37-47.

俞可平,2001.治理与善治[M].北京:社会科学文献出版社.

俞可平,2015.论国家治理现代化:修订版[M].北京:社会科学文献出版社.

郁俊莉,姚清晨,2018.多中心治理研究进展与理论启示:基于2002—2018年国内文献[J].重庆社会科学,11:36-46.

岳经纶,王燊成,2018.社会服务管理中的管理主义与专业主义张力:基于政府购买社会服务的分析[J].行政论坛,25(1):34-42.

詹姆斯·罗西瑙,2001.没有政府的治理[M].张胜军,刘小林,等译.南昌:江西人民出版社.

詹新寰,仇泽国,2018.我国农村公共体育服务运行现状研究[J].首都体育学院学报,30(4):292-296.

张凤彪,王家宏,王松,等,2019.政府购买服务与体育社会组织发展的"诺斯悖论"问题研究 [J]. 体育学刊, 26 (3): 38-44.

张红云, 2012. "村改居"后基层党组织的现实困境与职能重构 [J]. 理论导刊, 9: 25-27.

张宏, 2010. 当代中国体育社会分层理论研究 [M]. 北京: 知识产权出版社.

张欢, 蔡永芳, 胡静, 2013. 社区服务创新的制度性障碍及体制挑战: 以德阳市X社区服务站为例 [J]. 四川大学学报 (哲学社会科学版), 2: 103-111.

张健, 2013. 公众体育消费的约束因素与提升策略研究 [J]. 北京体育大学学报, 36 (6): 27-31.

张晶晶, 2012. 武汉市"城中村"体育活动研究: 以永丰乡12个村为例 [D]. 武汉: 华中师范大学.

张克俊, 付宗平, 2015. "村改居"社区集体经济面临的困境及出路: 以成都市成华区为例 [J]. 农村经济, 9: 9-14.

张美云, 2015. 非正式制度理论: 马克思经济学与西方经济学的比较 [J]. 理论月刊, 6: 11-16.

张骁虎, 2017. "元治理"理论的生成、拓展与评价 [J]. 西南交通大学学报 (社会科学版), 18 (3): 81-87.

张雪峰, 2019. 城镇化背景下"村改居"社区集体经济组织面临的问题及创新模式 [J]. 青海社会科学, 2: 93-97.

张翼, 2019. 社会转型与社会治理格局的创新 [J]. 中国社会科学评价, 1: 27-29.

张振, 杨建科, 张记国, 2015. 业主委员会培育与社区多中心治理模式建构 [J]. 中州学刊, 9: 78-82.

张振龙, 于善旭, 郭锐, 2008. 体育权利的基本问题 [J]. 体育学刊, 2: 20-23.

章荣君, 2015. 乡村治理中正式制度与非正式制度的关系解析 [J]. 行政论坛, 22 (3): 21-24.

赵胜国, 金涛, 2014. 中小城市不同规模家庭体育消费的特征 [J]. 上海体育学院学报, 38 (6): 43-47.

折晓叶, 1997. 村庄的再造: 一个"超级村庄"的社会变迁 [M]. 北京: 中国社会科学出版社.

折晓叶, 陈婴婴, 2011. 项目制的分级运作机制和治理逻辑: 对"项目进村"

案例的社会学分析 [J]. 中国社会科学, 4: 126-148.

中共广东省委, 广东省人民政府, 2012. 关于进一步培育发展和规范管理社会组织的方案 [Z/OL]. (2012-04-25) [2020-04-19]. http://www.gd.gov.cn/zwgk/wjk/zcfgk/content/post_2938593.html.

中共中央, 2006. 中共中央关于构建社会主义和谐社会若干重大问题的决定 [Z/OL]. (2006-10-11) [2020-04-30]. http://www.gov.cn/govweb/gongbao/content/2006/content_453176.htm.

中共中央, 2013. 中共中央关于全面深化改革若干重大问题的决定 [Z/OL]. (2013-11-15) [2020-05-05]. http://cpc.people.com.cn/n/2013/1115/c64094-23559163.html.

中共中央, 2014. 中共中央关于全面推进依法治国若干重大问题的决定 [Z/OL]. (2014-10-28) [2020-05-08]. http://www.gov.cn/zhengce/2014-10/28/content_2771946.htm.

中共中央, 2015. 中共中央关于制定国民经济和社会发展第十三个五年规划的建议 [Z/OL]. (2015-11-03) [2020-05-15]. http://house.people.com.cn/n/2015/1103/c164220-27772642-8.html.

中共中央, 2016. 中华人民共和国国民经济和社会发展第十三个五年规划纲要 [Z/OL]. (2016-03-16) [2020-05-22]. https://www.12371.cn/special/sswgh/wen/.

中共中央, 2018a. 中共中央关于深化党和国家机构改革的决定 [Z/OL]. (2018-02-28) [2020-05-10]. http://www.gov.cn/zhengce/2018-03/04/content_5270704.htm.

中共中央, 2018b. 中国共产党支部工作条例(试行) [Z/OL]. (2018-11-25) [2020-05-19]. http://politics.people.com.cn/n1/2018/1126/c1001-30420219.html.

中共中央, 2019. 中共中央关于坚持和完善中国特色社会主义制度推进国家治理体系和治理能力现代化若干重大问题的决定 [Z/OL]. (2019-11-05) [2020-05-02]. http://www.gov.cn/xinwen/2019-11/05/content_5449023.htm.

中共中央, 国务院, 2007. 关于加强青少年体育增强青少年体质的意见 [Z]. (2007-05-07) [2020-04-25]. http://www.moe.gov.cn/jyb_xxgk/

moe_1777/moe_1778/201005/t20100531_88539.html.

中共中央,国务院,2014.国家新型城镇化规划(2014—2020年)[Z/OL].(2014-03-16)[2020-04-28].http://www.gov.cn/gongbao/content/2014-03/16/content_2640075.htm.

中共中央,国务院,2016.中共中央国务院印发《"健康中国2030"规划纲要》[Z/OL].(2016-10-25)[2020-04-21].http://www.gov.cn/xinwen/2016-10/25/content_5124174.htm.

中共中央,国务院,2017.中共中央国务院关于加强和完善城乡社区治理的意见[Z/OL].(2017-06-12)[2020-04-23].http://www.gov.cn/zhengce/2017-06/12/content_5201910.htm.

中共中央办公厅,国务院办公厅,2015a.关于加快构建现代公共文化服务体系的意见[Z/OL].(2015-01-14)[2020-05-28].http://www.gov.cn/xinwen/2015-01/14/content2804250.htm.

中共中央办公厅,国务院办公厅,2015b.行业协会商会与行政机关脱钩总体方案[Z/OL].(2015-07-08)[2020-05-31].http://www.gov.cn/zhengce/2015-07/08/content_2894118.htm.

中共中央办公厅,国务院办公厅,2016.关于改革社会组织管理制度促进社会组织健康有序发展的意见[Z/OL].(2016-08-21)[2020-05-25].http://www.gov.cn/zhengce/2016-08/21/content_5101125.htm.

中共中央宣传部,2014.习近平总书记系列重要讲话读本[M].北京:学习出版社,人民出版社.

中国发展研究基金会,2012.中国发展报告2011/12:人口形势的变化和人口政策的调整[M].北京:中国发展出版社.

钟俊,2014.我国城乡接合部社区体育文化公共服务体系的构建研究[J].山东体育科技,36(1):114-118.

周黎安,2014.行政发包制[J].社会,34(6):1-38.

周黎安,2017.转型中的地方政府:官员激励与治理[M].上海:格致出版社.

周涛,邱宗忠,任保国,2011.加快城乡接合部社区体育公共服务体系建设的几点思考[J].体育与科学,32(2):60-64.

周雪光.2017.中国国家治理的制度逻辑:一个组织学研究[M].北京:生活·读书·新知三联书店.

周振超，宋胜利.2019.治理重心下移视野中街道办事处的转型及其路径［J］.理论探讨，2：18-24.

朱家新，常德胜.2012."城中村"居民体育休闲娱乐研究［J］.上海体育学院学报，36（1）：36-42.

朱敏青.2014."村改居"社区公共服务供给机制创新［J］.开放导报，6：41-44.

朱珊，王冬.2013."文革"期间我国体育变迁状况简析［J］.体育文化导刊，1：141-143.

祝良，马德浩.2016.城市体育符号的基本内容及其打造研究［J］.河北体育学院学报，30（6）：22-27.

二、外文文献

AUSTRALIAN SPORTS COMMISSION, 2017. Aus play state/ territory participation in sport and physical activity-adults［EB/OL］.（2017-01-12）［2020-05-01］. https：// www. ausport. gov. au/ information.

BERRY J W. 1997, Immigration, acculturation and adaptation［J］. Applied Psychology, 46（1）：5-34.

CISLAK A, SAFRON M, PRATT M, et al, 2012. Family-related predictors of body weight and weight-related behaviors among children and adolescents：a systematic umbrella review［J］. Child：Care, Health and Development, 38（3）：321-331.

CONZEN M R, 1960. Alnwick, Northumberland：a study in town-plan analysis. Institute of British Geographers Publication［M］. London：George Philip.

DEPARTMENT OF ECONOMIC AND SOCIAL AFFAIRS, 2012. World population prospects：the 2012 revision［Z/OL］.（2012-12-15）［2020-07-08］. https：// www. un. org/ zh/ node/ 89721.

DESAI A, GUPTA S S, 1987. Problems of changing of land-use pattern in the rural-urban fringe：the case of Ahmedabad［M］// YADAV C S. Perspectives in Urban Geography. New Delhi：Concept Publishing Company.

FISHMAN R. 1987. Bourgeois utopias：the rise and fall of suburbia［M］. New York：McGraw Hill.

HE B G, 2005. Village citizenship in China: a case study of Zhejiang [J]. Citizenship Studies, 9 (2): 205-219.

JESSOP B. 2002. The future of the capitalist state [M]. Cambridge: Polity Press.

LOUIS H, 1936. Die geographische Gliederung von Gross-Berlin [M] // Louis H, Panzer W (eds). Landerkundliche Forschung: Krebs-Festschrift. Stuttgart: Englehorn: 146-71.

MEGEE T G, GREENBERG C, 1992. The emergence of extended metropolitan regions in ASEAN towards the year 2000 [J]. ASEAN Economic Bulletin, 9 (1): 22-44.

PALEN J, 1981. The urban world [M]. New York: McGraw Hill.

PARK R E, 1950. Race and culture [M]. Illinois: The Free Press.

PHYSICAL ACTIVITY COUNCIL, 2018. 2018 Sports participation report [EB/OL]. (2018-02-28) [2020-02-22]. http: // www.Physicalactivitycouncil.com/ PDFs/current.pdf.

PRYOR R J, 1968. Defining the rural-urban fringe [J]. Social Forces, 47 (2): 202-215.

REDFIELD R, LINTON R, HERSKOVITS M, 1936. Memorandum for the study of acculturation [J]. American Anthropologist, 38: 149-152.

SPORT ENGLAND, 2017. Active lives adults survey (2017-05-16). [EB/OL]. (2017-08-12) [2020-02-25]. https: // www.sportengland.org/ facilities-planning-for-sport/.

SUI D Z, Zeng H, 2001. Modeling the dynamics of landscape structure in Asia's emerging desakota regions: a case study in Shenzhen [J]. Landscape and Urban Planning, 53 (1-4): 37-52.

WHYTE M, 2010. One country, two societies: rural-urban inequality in contemporary China [M]. Cambridge: Harvard University Press.

WILSON J, MUSICK M, 1997. Who cares? Toward an integrated theory of volunteer work [J]. American Sociological Review, 62 (5): 694-713.

ZHANG L, 2001. Strangers in the city: reconfigurations of space, power, and social networks within China's floating population [M]. Stanford: Stanford University Press.

后记

本书是笔者主持的国家社会科学基金青年项目"新型城镇化视域下我国'村改居'社区公共体育服务治理模式研究"(项目批准号:15CTY017)的最终成果。通过专家评审,经全国哲学社会科学规划办公室批准,课题成果的最终鉴定等级为良好。在此,感谢评审专家提出的宝贵修改建议,感谢国家社会科学基金的资助,感谢华东师范大学文科院、华东师范大学出版社的支持,使得本书得以出版。

"村改居"社区"亦城亦村"的特点以及由此产生的治理主体的多元性和治理机制的复杂性,使得其公共体育服务的治理难度要高于普通城镇社区。目前国内聚焦于"村改居"社区公共体育服务的研究仍很缺乏,这其实加大了本研究的难度。为了完成好本研究,笔者一方面大量阅读了有关城镇社区治理、乡村治理的文献,另一方面结合"村改居"社区治理以及公共体育服务治理的特点进行了理论上的创新。除此之外,笔者还通过问卷调查、实地调研及访谈等方法,从定性与定量两个维度对"村改居"社区公共体育服务治理模式的现状、存在的主要问题和相应的优化对策进行了论述。希望本书的出版能够填补国内有关"村改居"社区公共体育服务治理模式研究理论专著出版的空白,能够进一步丰富国内外有关公共体育服务治理研究的理论体系,能够为政府部门更好地进行"村改居"社区公共体育服务治理提供决策咨询服务。

在书稿即将付梓之际,感谢季浏教授、任海教授、汪晓赞教授、程志理编审、王子朴编审、吴坚编审、李寿荣编审、刘微娜教授、杨剑教授、孙辉教授、刘桂海教授、熊文教授、杨建营教授、郑家鲲教授、李刚教授、陈颇教授、金涛教授、田恩庆副教授等专家给予的帮助与指导。感谢张涛、孙立、霍丁鹏、周生旺、张继伟、项鑫、汪文奇、陆颖娜等好友在实地调研以及问卷发放方面给予的大力支持。感谢陶乐、孙柳青、吴永均、杨韵、赵国炳、张震、陈福亮等课题组成员的合作。感谢李玉婷、曹丹丹、薛昭铭、李岱泓、董珊珊等在问卷录入与统计方面的付出。感谢华东师范大学出版社编校人员对书稿所作的认真仔细的加工。

  本研究历时近五年，我先后出差调研十余次。在此，感谢妻子给予我坚定的支持，使我能够全身心地投入科研工作中；感谢母亲及岳母对我家庭生活的照料；感谢姐姐、弟弟能够帮我分担照顾父母的责任；感谢我的女儿，她每一次的欢笑都会让我感受到生活的温暖。最后，感谢我的父亲，他在罹患癌症期间仍不断给予我鼓励；而我却因为教学与科研任务错过了很多陪伴他走完人生最后一段旅程的时光，这是我此生最大的遗憾。父爱如山，父亲的谆谆教导仍时常回荡在耳旁，激励着我不断前行。

马德浩

2021 年 7 月 7 日